Elaboração de projetos sociais

SÉRIE POR DENTRO DAS CIÊNCIAS SOCIAIS

DIALÓGICA

O selo DIALÓGICA da Editora InterSaberes faz referência às publicações que privilegiam uma linguagem na qual o autor dialoga com o leitor por meio de recursos textuais e visuais, o que torna o conteúdo muito mais dinâmico. São livros que criam um ambiente de interação com o leitor – seu universo cultural, social e de elaboração de conhecimentos –, possibilitando um real processo de interlocução para que a comunicação se efetive.

Pedro Roque Giehl
Darlene Arlete Webler
Ieda Cristina Alves Ramos
Luciana Conceição Lemos da Silveira
Miguelangelo Gianezini

Elaboração de projetos sociais

Rua Clara Vendramin, 58 . Mossunguê
CEP 81200-170 . Curitiba . PR . Brasil
Fone: (41) 2106-4170
www.intersaberes.com
editora@editorainterseberes.com.br

Conselho editorial
Dr. Ivo José Both (presidente)
Drª Elena Godoy
Dr. Nelson Luís Dias
Dr. Neri dos Santos
Dr. Ulf Gregor Baranow

Editora-chefe
Lindsay Azambuja

Supervisora editorial
Ariadne Nunes Wenger

Analista editorial
Ariel Martins

Projeto gráfico
Raphael Bernadelli

Capa
Adoro Design (design)
Fotolia (fotografia)

1ª edição, 2015.

Foi feito o depósito legal.

Informamos que é de inteira responsabilidade dos autores a emissão de conceitos.

Nenhuma parte desta publicação poderá ser reproduzida por qualquer meio ou forma sem a prévia autorização da Editora InterSaberes.

A violação dos direitos autorais é crime estabelecido na Lei n. 9.610/1998 e punido pelo art. 184 do Código Penal.

Dados Internacionais de Catalogação na Publicação (CIP)
(Câmara Brasileira do Livro, SP, Brasil)

Elaboração de projetos sociais/Pedro Roque Giehl [et al.]. Curitiba: InterSaberes, 2015.

Outros autores: Darlene Arlete Webler, Ieda Cristina Alves Ramos, Luciana Conceição Lemos da Silveira, Miguelangelo Gianezini.

Bibliografia.
ISBN 978-85-443-0271-2

1. Projetos – Elaboração 2. Projetos – Metodologia 3. Projetos sociais I. Giehl, Pedro Roque. II. Webler, Darlene Arlete. III. Ramos, Ieda Cristina Alves. IV. Silveira, Luciana Conceição Lemos da. V. Gianezini, Miguelangelo.

15-08427   CDD-361.25

Índice para catálogo sistemático:
1. Projetos sociais: Elaboração:
   Bem-estar social   361.25

Sumário

Apresentação, 9

(1) Projetos e atuação social, 11

1.1 O que são projetos sociais?, 14

1.2 Vantagens e armadilhas na atuação social orientada por projetos, 17

1.3 Como nascem os projetos sociais?, 21

1.4 Projetos sociais e desenvolvimento profissional, 25

1.5 Desenvolvimento de projetos sociais, 27

(2) Privado, porém público: o protagonismo do terceiro setor nos projetos sociais, 29

    2.1 O estado, o governo e as políticas públicas, 32

    2.2 Economia e mercado, 39

    2.3 Privado, porém público: o lugar e a vez das organizações da sociedade civil, 40

    2.4 As ONGs no brasil, 45

(3) Linguagem e projetos sociais, 49

    3.1 Questões preliminares sobre a linguagem, 52

    3.2 Linguagem: caráter social e construção da alteridade, 54

    3.3 Linguagem e apreensão de sentidos, 56

    3.4 Linguagem coloquial e linguagem culta, 58

    3.5 Linguagem e projetos sociais: algumas orientações, 60

(4) Fundamentos metodológicos e etapas dos projetos sociais, 67

    4.1 Fundamentos metodológicos, 70

    4.2 Fases da elaboração de projetos sociais, 76

    4.3 Itens básicos dos projetos sociais, 79

(5) Diagnóstico da realidade, 85

    5.1 Pressupostos metodológicos para elaboração de diagnósticos da realidade, 88

    5.2 O diagnóstico em projetos sociais, 90

(6) Problemas e objetivos em projetos sociais, 103

    6.1 Descrição, especificação e análise (da descrição) do problema, 106

    6.2 Proposição de objetivos, 113

    6.3 Definição do quadro de metas, 117

(7) Fontes e condições de financiamento de projetos sociais, 121

    7.1 Conceituando captação de recursos, 124

    7.2 Principais fontes de recursos financeiros, 125

    7.3 Captando recursos financeiros, 128

(8) Gestão de projetos sociais, 131

8.1 Do planejamento estratégico à administração estratégica das organizações e projetos, 134

8.2 Gestão estratégica de projetos sociais, 139

8.3 Gestão de entidades e projetos sociais, 144

(9) Avaliação e resultados, 149

9.1 Elaboração e avaliação: momentos distintos e complementares, 152

9.2 Noções puras e aplicadas de avaliação e monitoramento, 152

9.3 Tipos de avaliação e modelos propostos, 155

9.4 Etapas avaliativas em perspectivas, 156

(10) Sistematização de projetos sociais, 159

10.1 O que é sistematizar?, 162

10.2 Sujeitos e organizações, 163

10.3 Descrição e documentação da execução do projeto, 165

10.4 Aprendendo com o projeto social, 167

Referências, 171

Respostas, 175

Apresentação

A elaboração de projetos sociais insere-se no ciclo aplicado do curso de Ciências Sociais, nas disciplinas Captação de Recursos em Projetos Sociais e Avaliação de Projetos Sociais, que são ofertadas na fase final de apenas alguns cursos de graduação, porém se constituem em temas relevantes para a formação de profissionais socialmente engajados.

Elaboração de projetos sociais trata do processo de contextualização dos projetos sociais e da metodologia de elaboração, desenvolvimento e gestão desses instrumentos como forma de atuação social, com foco mais direcionado aos resultados do que à estratégia de ação mais geral de disputa de projetos políticos e sociais.

Os projetos sociais são o meio pelo qual a maioria das organizações (empresas, bancos, associações etc.) se estrutura, atua e desenvolve parcerias e atividades com redes de cooperação. São, ainda, a forma racional pela qual o Poder Público estabelece convênios para a execução de políticas e programas de promoção da inclusão socioeconômica e cultural, buscando, desse modo, maior capilaridade, uma vez que não é preciso compor a estrutura pública para instituí-las. Essa opção tem se mostrado eficaz na efetivação dessas políticas pela transparência, celeridade e enraizamento da ação, o que culmina com a viabilização da gestão dos recursos públicos. Da mesma forma, tem sido o caminho encontrado para a promoção e o desenvolvimento de políticas e ações de responsabilidade social de empresas e fundações privadas. Estas atuam, na maioria das vezes, como entidades financiadoras dentro de eixos gerais de focalização de promoção.

Nesse contexto, altera-se também o perfil desejado dos profissionais de ciências sociais. Para eles, abre-se um espaço importante de atuação profissional. Espera-se deles, cada vez mais, a capacidade e a habilidade de assessorar e dirigir os processos de mobilização, formulação, desenvolvimento e sistematização de empreendimentos e projetos sociais com gestão estratégica permanentemente inovadora. Essa competência profissional diferenciada se busca na formação acadêmica dos cursos de ciências sociais.

O conteúdo interdisciplinar é integrado a um núcleo aplicado de estudos que se complementam mutuamente, contribuindo para a ampliação do foco na formação do profissional em ciências sociais, para o aprofundamento dos estudos e das pesquisas acadêmicas e para a sensibilização do engajamento dos estudantes como cidadãos e profissionais. É uma área de intensa atuação dos egressos do curso, em muitos setores da sociedade.

(1)

Projetos e atuação social

Pedro Roque Giehl é graduado em Administração pela Universidade do Sul de Santa Catarina (Unisul) e em Filosofia com habilitação em Sociologia, Psicologia e História pela Faculdade de Filosofia, Ciências e Letras Dom Bosco. Tem especialização em Cooperativismo pela Universidade do Vale do Rio dos Sinos (Unisinos) e mestrado em Administração pela Universidade Federal do Rio Grande do Sul (UFRGS). Foi professor do Departamento de Ciências Sociais da Universidade Regional do Noroeste do Rio Grande do Sul (Unijuí), gestor público de municípios e do governo do Rio Grande do Sul e consultor do governo federal. Atualmente, é doutorando em Administração pela Unisinos, professor conteudista da disciplina Elaboração de Projetos Sociais do curso de Ciências Sociais a Distância da Universidade Luterana do Brasil (Ulbra) e educador popular de projetos de inclusão produtiva.

Darlene Arlete Webler tem graduação em Letras Português-Inglês pela Faculdade de Filosofia, Ciências e Letras Dom Bosco, especialização em Língua Portuguesa pela Faculdade de Filosofia, Ciências e Letras de Ouro Fino (Asmec), mestrado em Linguística Aplicada pela Unisinos e doutorado em Letras, na área de Estudos da Linguagem, pela Universidade Federal do Rio Grande do Sul (UFRGS). Tem experiência como professora, desde 1992, no ensino superior, médio e fundamental e na educação popular. Atualmente, exerce atividades relacionadas, principalmente, aos seguintes temas: discursos, sujeito, sentidos; linguagem, leitura, produção textual, ensino de língua portuguesa e educação popular continuada.

Pedro Roque Giehl
Darlene Arlete Webler

Iniciamos, aqui, nossa jornada de estudo. Nela, você aprenderá o que são e como surgem os projetos sociais, bem como quem são seus protagonistas.

A atuação social por meio de projetos é uma realidade atual, em um contexto no qual se espera que a gestão seja focada em resultados em todos os setores da sociedade. Os projetos viabilizam essa conjugação entre racionalidade e foco nos resultados com democracia e participação.

(1.1) O que são projetos sociais?

O termo *projeto* (do latim, *projectus*) expressa a intenção de fazer algo e a maneira pela qual se pretende fazê-lo. Nos dicionários de língua portuguesa, de modo geral, a palavra costuma ser apresentada como ideia de realização futura, dentro de um plano geral de trabalho, ou, ainda, o intento de desenvolver um empreendimento conforme determinado esquema. Nesse sentido, a execução de um projeto se caracteriza por desenvolver um conjunto de eventos, ações e atividades que se interligam e se inter-relacionam, têm início em um dado momento e terminam em outro, quando se concretiza o alcance dos objetivos e metas estabelecidos.

Essas acepções conferem aos projetos um aspecto de temporalidade e transição, pois se encerram com a realização daquilo que esboçavam viabilizar. Por mais identificado que seja o projeto, há diferenças essenciais entre ele e as obras, uma vez que aquele age como ferramenta ou processo, enquanto estas têm condição de arte obtida ou resultado alcançado. Dessa forma, os projetos podem ser compreendidos como pontes estruturadas que ajudam a tornar as ideias, os sonhos ou os desejos realidades concretas.

Os projetos sociais normalmente surgem das tentativas de alterar alguma situação na realidade de comunidades, grupos sociais e organizações públicas ou privadas. Eles refletem ações estruturadas e intencionais de pessoas, grupos sociais ou organizações públicas ou privadas que desejam incidir sobre determinadas realidades para afirmá-las, reforçá-las ou mudá-las. De acordo com Armani (2008, p. 18), "um projeto é uma ação social planejada, estruturada em objetivos, resultados e atividades baseados em uma quantidade limitada de recursos (humanos, materiais e financeiros) e de tempo".

Mesmo tendo orientações de conteúdo e metodologia específicas, os projetos sociais não devem tornar-se realizações isoladas, pois se despotencializam. É desejável que sejam orientados por políticas e programas de desenvolvimento social, econômico e cultural de governos e/ou organizações da sociedade civil e que sua execução esteja integrada a outras iniciativas com objetivos afins. A integração potencializa os projetos pela maximização dos esforços e dos recursos e pela viabilização da difusão de aprendizagens acumuladas nos processos sociais e organizacionais.

De acordo com Carvalho, Müller e Stephanou (2003, p. 16),

A ferramenta projeto social também tem a qualidade de facilitar a articulação entre vários agentes e mecanismos de ação social porque dispensa o estabelecimento de uma integração interinstitucional mais formal ou permanente entre eles. A parceria é estabelecida nos limites da ação proposta [...] sem que seja criado um novo órgão ou instituição permanente.

A parceria entre organizações e pessoas pode ocorrer até mesmo quando elas divergem sobre a visão política global, desde que tenham uma leitura comum da realidade imediata e se disponham a agir conjuntamente nas intervenções delimitadas. Trata-se de uma prática comum entre dois governos que apresentem programas diferenciados, entre diversos órgãos públicos ou entre estes e a iniciativa privada, assim como entre diferentes organizações da sociedade civil. Essa prática pode ser classificada como uma parceria programática imediata, em que, por apresentarem um programa em comum, as entidades se unem para um benefício mútuo e imediato.

As parcerias entre indivíduos, grupos e entidades que não tenham uma identidade comum não são recomendáveis porque se dão apenas no universo do pragmatismo e tendem a não produzir os resultados sociais desejados. Como nos lembra Eduardo Galeano (1999, p. 41), as práticas pragmáticas tendem a levar ao oportunismo instrumentalista. As relações que se estabelecem nesses casos são de contratação de serviços específicos, terceirização ou compartilhamento de mercado de trabalho, e não a parceria de atores sociais.

| *Não somos ilhas e sabemos disso... Os projetos sociais também não são ilhas, mas muitos ainda agem como se não soubessem disso.*

Para Armani (2008, p. 18), a formulação da ação social pode ser hierarquizada em três níveis básicos:

- as POLÍTICAS, que são a definição dos grandes objetivos que se pretendem alcançar e os eixos estratégicos necessários para delineá-las;
- os PROGRAMAS, que estão no nível intermediário e traduzem as políticas em linhas mestras de ações temáticas ou setoriais;
- os PROJETOS, que estão no nível das ações concretas e delimitadas pelo tempo, pelo espaço e pelos recursos necessários para a realização destes e dos programas.

É fundamental que os governos e as organizações da sociedade civil estabeleçam planos estratégicos de atuação social, nos quais determinem claramente a missão e os objetivos gerais que visam atingir. Esses planos estratégicos orientam os projetos e contribuem para criar maior sinergia programática, confluência nos esforços e acúmulos metodológicos e organizativos internamente, assim como para construir relações mais consistentes nas parcerias com outras organizações.

Os projetos são soluções técnicas para enfrentar os problemas sociais específicos de forma objetiva, ágil, prática e organizada. São eles que dão concretude e exequibilidade às políticas e aos programas. Sem eles, as políticas se reduzem a discursos ou cartas de intenções sobre as realidades e suas necessidades. Para Armani (2008, p. 18), "os projetos ainda são a melhor solução para organizar ações sociais, uma vez que eles 'capturam' a realidade complexa em pequenas partes, tornando-as mais compreensíveis, planejáveis, manejáveis".

A delimitação clara e objetiva das ações possibilita uma avaliação contínua e realista do que está sendo feito e dos resultados que se obtêm no decorrer da execução do projeto, viabilizando, quando necessário, o redirecionamento dos rumos de atuação. Essa delimitação também é fundamental quando há uma operação em parceria com outras organizações ou pessoas, pois permite estabelecer critérios transparentes para a definição das competências e responsabilidades dos diversos atores envolvidos.

(1.2) Vantagens e armadilhas na atuação social orientada por projetos

A atuação social gerenciada por projetos tem forte apelo atualmente porque viabiliza a ação organizada num período histórico de crise das grandes ideologias e dos programas estruturais de transformação social. A complexidade da realidade social exige a discussão sobre muitas mudanças cujas alternativas exigem alto grau de concretude das propostas. O Fórum Social Mundial, nas suas diversas edições, tem mostrado essa leitura da diversidade e apontado para a necessidade de iniciativas de caráter inclusivo nos mais diversos espaços e setores. Por isso, fala-se em mudanças de realidades, de novas sociedades, de formas diferentes de pensar, ser e agir, sempre com expressões no plural e com medidas plausíveis que possam indicar objetivos de curto e médio prazos. Nesse contexto, os projetos são as ferramentas que viabilizam a ação social concreta e articulada, até mesmo na difusão e pluralidade programáticas.

Vantagens

Há inúmeras vantagens na adoção de projetos sociais como ferramentas e formas processuais de engajamento. A seguir, apresentamos algumas delas.

Conjugação da eficiência com a eficácia da ação

A eficiência e a eficácia são interdependentes e expressam a condição e a necessidade de se fazer corretamente aquilo que precisa ser feito. A eficiência diz respeito aos meios usados para atingir o resultado desejado. São as ações, as atividades e a alocação apropriada de recursos e estruturas com economicidade e racionalidade. A eficácia refere-se aos resultados ou objetivos atingidos, isto é, à verificação dos objetivos quanto ao seu efetivo cumprimento. Freeman e Stoner (1995, p. 136), citando Peter Drucker, um dos mais respeitados especialistas em ADMINISTRAÇÃO ESTRATÉGICA, esclarecem que EFICIÊNCIA é realizar corretamente determinadas ações e EFICÁCIA são as ações corretas que devem ser realizadas. O resultado, portanto, depende de se realizarem corretamente as ações certas.

Os projetos sociais são ferramentas que possibilitam formular claramente os objetivos, as atividades e a metodologia de ações e programas de forma que atuem como elementos de gerenciamento sistemático, com a maximização das condições de funcionamento de obtenção de resultados favoráveis.

Os processos que mobilizam e motivam a participação das pessoas, promovem parcerias e estabelecem instâncias deliberativas democratizadas e sistemas de controle e transparência tendem a ter maior racionalidade e economicidade nas estruturas e nas ações e alcançam melhor desempenho nos resultados. Consequentemente, obtêm maior confiabilidade da população beneficiada direta e indiretamente e mais credibilidade das instituições parceiras e da sociedade em geral.

Sistematização de experiências e saberes

Sistematizar significa organizar como um sistema ou combinar as partes dentro de um todo. Nos projetos sociais, devem-se registrar a memória da experiência realizada e os saberes obtidos, os quais propiciam a aprendizagem e se somam ao conteúdo e à metodologia já adquiridos pelos indivíduos e pelas organizações envolvidas.

A divulgação desses resultados sistematizados também possibilita a exposição pública das realizações e da aprendizagem, o que exige predisposição ao diálogo e à crítica e, por conseguinte, pode enriquecer a compreensão e os fundamentos de novos projetos e processos.

A sistematização requer uma contínua e progressiva reflexão sobre a experiência durante sua execução, e não somente no fim. Isso viabiliza testar hipóteses e monitorar valiosos resultados para o projeto em curso e outros similares que sejam de relevante conhecimento.

Participação

A participação coletiva e o protagonismo das pessoas envolvidas são essenciais para a maximização dos resultados do projeto e precisam se manifestar desde a etapa de diagnóstico da realidade, pois fazem parte do processo de aprendizagem e incidem sobre os envolvidos.

A participação coletiva na definição e execução dos projetos sociais cria o apoderamento dos sujeitos sociais, que é fundamental para superar a cultura de opressão e de baixa autoestima dos indivíduos e das comunidades produzida pelo clientelismo, pelo paternalismo e pela excessiva intermediação política e organizativa.

Esse protagonismo deve levar as comunidades beneficiadas por projetos a se tornarem o centro das decisões, da execução, do controle e da sistematização dos processos, de modo que se apropriem dele, tornando-os parte delas e não apenas parte de algo para elas.

Foco

Os projetos têm objetivos e métodos claros, concretos e mensuráveis porque se desenvolvem em realidades específicas. Isso possibilita o estabelecimento das metas para cada etapa e o direcionamento de energia e ação para atingi-las, o que tende a trazer maior consistência técnica e operacional para a realidade a ser impactada, evitando a dispersão e a fragmentação das ações.

Os focos metodológico e operacional dos projetos sociais em realidades bem específicas tendem a gerar resultados mais duradouros e sustentáveis, além da economia de recursos e energia e da maximização de parcerias em ações complementares.

Desvantagens

A atuação social orientada por projetos pode cair em algumas armadilhas e se traduzir em processos despotencializados, descontinuados, fragmentados e confusos. A seguir, vamos analisar algumas das principais armadilhas.

Confundir projeto com política ou programa

Como vimos anteriormente, é desejável que os projetos sejam orientados por políticas e programas. Os projetos são formas técnicas e organizativas usadas para se tratar de questões sociais específicas. Quando se confundem com a política, tendem à fragmentação e resultam em uma ação social muito restrita, despotencializando os resultados transformadores da realidade e a construção de novas formas de ver e de ser das pessoas e das organizações, modificando, também, o relacionamento entre elas. Projetos não podem existir independentemente, como se fossem isolados, pois só têm sentido se inseridos numa política maior ou se forem parte de projetos consistentes. Como um projeto é bem mais concreto, envolve ações reais, e não apenas proposições futuras; é por meio dele que as políticas sociais são implementadas. Por exemplo, um projeto de casa-abrigo para mulheres em situação de fragilidade social que proponha dar abrigo, alimentação e apoio legal a mulheres agredidas ou em situação de rua tem muito mais contato com a realidade concreta que uma política geral de libertação da mulher, mas se insere perfeitamente nessa política como parte de sua implementação. Como vimos, a integração de esforços e a orientação programática maximizam e qualificam os processos e os resultados dos projetos dentro dos programas ou políticas gerais.

Perder o foco da efetividade

Muitas vezes, os projetos envolvem maior preocupação com a eficiência do que com a eficácia e com a efetividade da resolução das problemáticas sociais. Isso porque se pretende apresentar resultados antes que eles possam ser viabilizados. A natureza da dinâmica social é de uma complexidade maior do que se pode estimar por meio de previsões, ainda mais quando elas são muito rígidas. É possível interferir na realidade social com certa previsibilidade de resultados, no entanto essa previsão não pode ser tomada como absoluta ou constante. Por isso, é preciso pensar no processo como parte integrante dos resultados desejados, o que requer um referencial metodológico de avaliação constante e apropriado, como veremos em capítulo específico.

Depender de órgãos financiadores e do Estado

Os projetos sociais necessitam de financiamento para a sua execução. A maioria deles é financiada por órgãos e instituições públicas, que já estabelecem em edital os objetivos gerais, os fundamentos metodológicos, os parâmetros organizativos e os resultados desejados. Isso também acontece com a maioria das agências financiadoras internacionais. Assim, se um projeto depende de financiamento, o grau de autonomia de conteúdo e método será baixo e ele poderá ter problemas de continuidade quando cessarem os recursos. Por isso, é necessário fazer um levantamento das opções de parcerias e fontes de financiamento para os projetos e concatená-las com outras iniciativas complementares. Isso é mais fácil de ser feito em organizações que têm como finalidade a formulação, o desenvolvimento e a gestão de programas e projetos sociais, como as organizações não governamentais (ONGs).

Mesmo com as limitações, os projetos sociais ainda são a forma mais apropriada para se desenvolverem ações sociais criativas, criadoras e transformadoras da realidade. Seus principais desafios estão na busca da qualificação técnica e relacional para se adquirir e manter a credibilidade social deles e das organizações parceiras. Para isso, as ciências sociais podem contribuir por meio da formação dos quadros profissionais, os quais possibilitam dar a solidez metodológica, o enraizamento e a transparência necessários para os resultados exitosos dos projetos e das organizações sociais e populares.

(1.3) Como nascem os projetos sociais?

Os projetos sociais podem ter as mais diversas motivações e origens. Muitos nascem de organizações sociais cuja missão e finalidade consistem em desenvolver ações coletivas de inclusão, reforço ou transformação de realidades sociais, econômicas e culturais. Outros surgem por iniciativas individuais, inclusive pessoais, ou ainda por iniciativas de políticas públicas e estabelecem parcerias com a sociedade civil para seu desenvolvimento. São, portanto, muitas as fontes motivacionais para a criação e o desenvolvimento de projetos com o propósito de obter o êxito do processo e dos resultados, os quais dependem das mais distintas condições.

Vejamos, a seguir, alguns fatores que motivam a elaboração e a implementação de projetos sociais.

Contradições sociais

A sociedade capitalista é essencialmente competitiva e excludente, pois se orienta pelas leis de mercado e pelo predomínio do capital. Isso dá origem a processos de exclusão social nos mais diversos segmentos e localidades, gerando, por exemplo, bolsões de desempregados e subempregados, trabalhadores rurais sem terra para cultivo ou moradores de rua ou de áreas urbanas irregulares.

Essas realidades estimulam a criação de organizações e projetos que melhorem a vida das comunidades, ainda que sejam soluções parciais. O Movimento dos Trabalhadores Rurais Sem Terra (MST) criou várias organizações sociais e inúmeros projetos específicos, como a Escola Itinerante, que viabiliza a educação de crianças, jovens e adultos enquanto estão acampados esperando o assentamento de reforma agrária. O Movimento dos Trabalhadores Desempregados (MTD) tem vários projetos sociais, entre eles os pontos populares de geração de trabalho e renda e as frentes de trabalho. Os moradores de rua e de áreas urbanas irregulares e suas organizações de apoio são responsáveis por milhares de projetos habitacionais e de desenvolvimento local nas cidades do Brasil.

Esses projetos são desenvolvidos pelos movimentos organizados ou por entidades de apoio, viabilizando, em muitos casos, a continuidade de processos e a complementaridade de ações. Quando isso se viabiliza, tende-se a obter maior efetividade nos resultados e acúmulo de aprendizagem organizacional e metodológica. Várias ONGs são referência por conta de acúmulos metodológico e gerencial de projetos sociais. Uma das experiências mais consolidadas oriundas dessa realidade é a Pastoral da Criança, cuja ação social tem como objetivo o combate à subnutrição e à mortalidade infantil.

Fatos e acontecimentos estimulantes

Os projetos sociais podem ter inspiração ou motivação em muitos fatos ou acontecimentos de caráter pessoal, que podem despertar a percepção ou alertar para problemas sociais e mobilizar grandes contingentes populacionais. Várias causas sociais, culturais e ambientais tiveram a inspiração motivacional individual ou familiar. A morte de um parente em um acidente de carro, por exemplo, levou muitos indivíduos a desenvolver projetos educacionais para o trânsito em vários estados brasileiros. A doença e a morte de familiares motivaram a criação de projetos para campanhas de prevenção de doenças ou doação de órgãos. Fatalidades ocorridas com dependentes químicos inspiraram a criação de inúmeros projetos sociais relacionados ao apoio e ao tratamento de drogaditos e à prevenção do uso de drogas.

Na atualidade, com a crise das ideologias[a], os indivíduos têm mais facilidade de entender e de se engajar em projetos bem específicos do que de perceber as grandes contradições sociais e estruturais. Assim, os sujeitos tendem ao engajamento em questões de envolvimento pessoal e emocional em que possam se perceber fazendo algo em determinado tempo e espaço sem que tenham, necessariamente, compromisso de continuidade.

---

a. A crise das ideologias ou crise de referenciais remete à queda e consequente descrédito no socialismo real e na social-democracia, bem como na ausência de outros projetos estruturantes da sociedade e da economia.

Preocupação com a sobrevivência no planeta

Fatores como as mudanças climáticas no mundo, a iminência de catástrofes globais ocasionadas pelo aquecimento global, a poluição nas cidades, o desmatamento e as consequências do consumo para o meio ambiente inspiram e motivam o surgimento de iniciativas ambientais e sociais que resultem na reversão dessa realidade. Essas iniciativas são as mais diversas, como a geração de trabalho e renda pela coleta seletiva e reciclagem do lixo urbano, as campanhas de uso racional da água, energia e outros recursos naturais e os projetos de despoluição rural e urbana, habitação e produção ecossustentáveis.

Os problemas ambientais são antigos, mas o risco real de sobrevivência do planeta, materializado em eventuais desastres ambientais, move multidões a buscar as mais diversas formas de engajamento em projetos relacionados à sustentabilidade, o que é considerado natural e típico da espécie humana, que reage fortemente aos estímulos da escassez e da ameaça à sobrevivência.

Convicção de que outro mundo é possível

O desejo de um mundo melhor tem motivado milhões de pessoas a se engajarem em projetos sociais que tratam dos mais diversos temas e das convicções político-ideológicas mais distintas, o que compõe a pluralidade formuladora e organizativa dos grupos e movimentos sociais na atualidade. Por exemplo, podemos citar a Economia Solidária e seus projetos de produção associativa, mercado de trocas e consumo ético e solidário desenvolvidos pelos participantes, questionando a economia de mercado e os processos de exclusão e criando projetos de inclusão e combate às mais diversas discriminações (de ordem étnica, religiosa, de orientação sexual, entre outras).

A expressão "Outro mundo é possível e necessário" foi criada atenciosa e pacientemente nos primeiros encontros de movimentos de vários países do Fórum Social Mundial, cujas primeiras edições aconteceram em Porto Alegre. Nesse espaço, a diversidade, a pluralidade e a autogestão continuam sendo as pedras basilares das formulações de organizações e sujeitos envolvidos, das relações ali estabelecidas e do sonho de construir um mundo novo e melhor.

Engajamento sociopolítico

O engajamento sociopolítico de grupos e indivíduos pode ocorrer por meio de projetos sociais que visem demonstrar convicções e divulgar ideias, símbolos e pessoas no contexto de estratégias de disputa política da sociedade. Esses processos são mais legítimos quando promovem ideias e organizações coletivas, e não apenas os candidatos como parte de suas estratégias político-eleitorais.

Busca de espaço para o desenvolvimento profissional

A busca de um espaço profissional tem levado cada vez mais pessoas a formular projetos sociais para serem desenvolvidos por indivíduos ou organizações sociais. Trata-se de um espaço profícuo para os cientistas sociais e outros profissionais que desejam contribuir para mudanças sociais e viabilizar temporária ou permanentemente sua profissionalização.

(1.4) Projetos sociais e desenvolvimento profissional

A mundialização e a revolução tecnológica tornaram o mundo uma referência necessária para as organizações e as pessoas. Essa realidade exige uma nova postura profissional e uma capacidade organizativa de interação na velocidade e no alcance desse tempo e nesse espaço. Além disso, atingiu não apenas as empresas, que têm necessidade de gerar permanentemente novos diferenciais competitivos tecnológicos e gerenciais, mas também as organizações sociais e as instituições públicas, que precisam qualificar-se para acompanhar os processos e as demandas organizativas contemporâneas.

As organizações e os movimentos sociais tornaram-se complexos e passaram a ter uma necessidade cada vez maior de receber apoio de assessoria especializada, o que cria inúmeras oportunidades de trabalho para técnicos e cientistas sociais. Esse fato, de acordo com Lück (2003, p. 8), advém da demanda de se criarem em cenários e panoramas mais promissores e eficazes para as organizações assumirem papéis e lugares em um mundo cada vez mais dinâmico e em permanente transformação. A competência é fundamental e exigida de todos os profissionais e organizações para se afirmarem com diferenciais qualificadores.

Sob essa perspectiva, torna-se necessária a superação do ativismo espontâneo que ainda move boa parte das pessoas e das organizações públicas e privadas. A formulação, elaboração e gestão de políticas, programas e projetos sociais exigem profissionais com muita agilidade, criatividade, compromisso e "um elevado espírito de organização e planejamento inteligente aplicado a seu trabalho e aos processos sob sua responsabilidade" (Lück, 2003, p. 9).

Os cientistas sociais têm, nesse contexto, um espaço profícuo para o desenvolvimento de empreendimentos e atividades profissionais que possam ampliar e qualificar as iniciativas. Isso ocorre porque, conforme Lück (2003, p. 10), esses profissionais podem viabilizar um trabalho sistematizado com base na leitura estratégica e objetiva da realidade, dos desafios e das condições necessárias ao seu enfrentamento, assim como da organização, assessoria e coordenação dos diversos desdobramentos das ações a serem desencadeadas.

A elaboração de projetos sociais também se constitui em uma importante ferramenta em favor do desenvolvimento profissional, uma vez que envolve um trabalho orientado para resultados efetivos, mediante processos e ações estruturadas, concentradas e que levam à avaliação, sistematização e aprendizagem constantes. A compreensão do processo e o conhecimento técnico dos profissionais são vitais para a inovação e a melhoria contínuas, bem como para a eficácia das ações e das organizações sociais.

(1.5) Desenvolvimento de projetos sociais

Os projetos podem ser elaborados conforme diversas formas e metodologias que atendem a aspectos relativos à formulação, à redação e à apresentação. A maioria das fontes financiadoras estabelece roteiros a serem seguidos, principalmente quando se trata de editais. Entretanto, independentemente de haver um roteiro, é necessário que as pessoas ou organizações que pretendem desenvolver o projeto tenham clareza em relação ao referencial básico, o qual engloba, pelo menos, quatro elementos:

- uma leitura da realidade em que se pretende desenvolver o projeto;
- o que se busca atingir com o projeto (objetivos, resultados, metas);
- como desenvolver o projeto (a metodologia, os recursos necessários e as parcerias de apoio para sua execução);
- os critérios de avaliação que indicam os resultados atingidos, fundamentais para a sistematização e a prestação de contas interna e externa.

Atividade

1. Releia com atenção os conceitos deste capítulo, faça leituras complementares e resolva os exercícios a seguir assinalando com V as afirmações verdadeiras e com F as falsas:

   ( ) A atuação social por projetos é mais eficiente porque dispensa a orientação política e programática.

   ( ) Nos projetos sociais, o mais importante é o processo de execução. Não importam os resultados se o processo for interessante.

   ( ) Os avanços tecnológicos e gerenciais e a mundialização das relações econômicas, sociais e culturais tornaram-se complexos e dinamizaram também as organizações da sociedade civil, desafiando os profissionais das ciências sociais.

( ) Uma campanha por doação de medula óssea, desenvolvida por alguém motivado pela morte de seu filho com leucemia, é um típico projeto estimulado pelas gritantes contradições sociais, que geram a exclusão e a miséria de muitos.

( ) O que diferencia um projeto social de uma política social é o fato de esta última traçar as linhas programáticas e estratégicas e o primeiro viabilizar a implementação concreta e estruturadora.

( ) O que fragmenta os projetos sociais é sua subordinação a políticas, porque estas sempre dividem a opinião e o engajamento das pessoas.

( ) Em um projeto social, o importante é saber o que se quer. O resto ocorre por consequência.

(2)

Privado, porém público:
o protagonismo do terceiro
setor nos projetos sociais

Pedro Roque Giehl
Darlene Arlete Webler

Neste capítulo, estudaremos as organizações sociais de interesse público e o protagonismo destas na execução de projetos. Elas crescem em número em todo o mundo e são responsáveis pela execução de grande parte das políticas públicas dos Estados e por ações sociais da iniciativa privada. O advento dessas organizações é um fenômeno relativamente novo, e a conceituação e acepção de seus papéis ainda causam estranheza e polêmica no meio acadêmico.

Vamos retomar algumas reflexões comuns a todas as pessoas que se ocupam da área social, bem como questões sobre o papel das organizações sociais de interesse público na formulação, execução e gestão de projetos sociais.

(2.1) O Estado, o governo e as políticas públicas

As ideias relacionadas à noção de *Estado* são inversas às de ação e movimento. Elas estão associadas a conceitos como estabilidade, passividade, imobilidade, continuidade ou permanência. *Estado*, de modo geral, refere-se a como determinado ser ou objeto está ou é. Entretanto, essas noções não podem ser confundidas com a imutabilidade ou a eternidade do ser ou estar das coisas, pois, como as concepções dialéticas nos ensinam, tudo se transforma permanentemente, ou seja, há uma condição essencial de provisoriedade e transitoriedade nos estados de ser.

O termo *Estado* costuma ser associado às institucionalizações política, jurídica, econômica e cultural do poder nas sociedades. Segundo o *Dicionário de ciências sociais* da Fundação Getulio Vargas (FGV), *Estado* é "um agrupamento de pessoas que vivem num território definido, organizado de tal modo que apenas algumas delas são designadas para controlar, direta ou indiretamente, uma série mais ou menos restrita de atividades desse mesmo grupo, com base em valores reais ou socialmente reconhecidos e, se necessário, na força" (FGV, 1987, p. 416). Ainda de acordo com essa publicação, na concepção weberiana, o Estado se diferencia de toda e qualquer associação por seu exclusivo poder final de coerção ou uso da força para fazer cumprir suas determinações.

Essa institucionalização do poder tem origem nas sociedades antigas e pode ser explicada de diferentes formas. Por exemplo, Hobbes e Locke, ambos iluministas e empiristas[a], afirmam que o Estado moderno é o resultado de um pacto entre os cidadãos para evitar

---

a. O Iluminismo foi um movimento intelectual do século XVIII que tinha a ciência e a razão como centros da preocupação filosófica, recusando as doutrinas dogmáticas tradicionais. O empirismo é uma corrente filosófica que crê que todo o conhecimento verdadeiro advém da experiência dos sentidos e é captado do mundo externo, descartando as verdades e revelações místicas ou derivadas da abstração do pensamento.

a autodestruição na guerra de todos contra todos que o estado de natureza proporciona. Dessa forma, cada cidadão renunciaria livremente à parte do que entende como seus direitos em favor do direito maior que disciplina e possibilita a convivência em paz (Japiassú; Marcondes, 1991). Já os autores marxistas consideram que o Estado, em toda e qualquer sociedade, é a forma de organização da classe dominante para garantir os interesses e manter seu poder ideológico sobre toda a sociedade. Na sociedade capitalista, com a emancipação da propriedade privada, o Estado-nação teria adquirido sua existência particular, fora da sociedade civil, como organização que a burguesia se deu, com o objetivo de garantir reciprocamente suas propriedades, sua rentabilidade, seu lucro e o crescimento das suas riquezas (Japiassú; Marcondes, 1991).

O Estado existe nas diversas sociedades em que a proteção dos membros e o estabelecimento de normas comuns passaram a ser funções de um sistema de órgãos diferenciados. Por isso, aquelas comunidades em que as normas não são impostas pela ação coletiva e se confia a proteção dos indivíduos às famílias e a outros grupos ou a líderes sem autoridade definida não podem ser classificadas como Estado.

O Estado faz parte da sociedade em que se insere e assume as características dela, pois se forma e evolui na história, nas culturas e nas relações internas e externas das nações. Esse processo é denominado por Santos (1999, p. 7) de CONTRATUALIZAÇÃO E (RE)CONTRATUALIZAÇÃO SOCIAL EXPERIMENTAL. Para que ocorra, é necessária a politização do Estado a fim de que possa converter-se também em movimento social de democratização (re)distributivo de poder e de condições sociais.

A concepção de pertença à sociedade e de temporalidade dá ao Estado a condição de inovação, adequando suas estruturas e seus organismos às necessidades e aos desejos coletivos da população. A soberania dos povos deve sobrepor-se inclusive ao Estado, colocando este a serviço da segurança, do bem-estar e da promoção da igualdade daqueles. Ela é compreendida também na relação entre os povos, em que toda e qualquer sobreposição e diminuição da liberdade e alteridade ferem o princípio do direito à diferença, característica essencial da humanidade. Existem práticas que, apesar de adotadas em certas regiões ou sociedades, não podem ser aceitas nem coonestadas, mesmo em nome da promoção da igualdade e da aceitação das diferenças, como a condenação à morte por apedrejamento (ou lapidação) que ocorre em alguns países do Oriente ou a mutilação genital feminina, a chamada *infibulação*, que é adotada como regra para meninas em algumas regiões africanas.

A partir da década de 1980, a mundialização da economia e das sociedades reforçou o papel de organizações e organismos internacionais de controle e regulação, como a Organização Mundial do Comércio (OMC), a Organização Mundial da Propriedade Industrial (Ompi) e a Organização das Nações Unidas (ONU), (re)qualificando o papel e as relações entre os Estados nacionais. Para Boiser, citado por Giehl (2002, p. 25), trata-se de uma crescente MACROANONIMIZAÇÃO da vida, das relações, da cultura e do poder e, dialeticamente, da MICROIDENTIFICAÇÃO dos indivíduos e da constituição de processos locais de afirmação e diferenciação.

Portanto, a mundialização não causou o enfraquecimento dos Estados nacionais e de sua soberania, mas um profundo e acelerado processo de mudança nas instituições e nas suas relações, redefinindo e compartilhando papéis. As sociedades e, consequentemente, os Estados passaram a ser mais influenciados (e disputados) por novos conceitos e valores, sendo desafiados a afirmar seus diferenciais com mais clareza. Essa dinâmica de interação das nações e dos povos viabiliza o aparecimento da grande diversidade sociocultural da humanidade. Ou seja, as sociedades afirmam-se como identidades diferenciadas na interação, e não no isolamento ou no fechamento das fronteiras dos países, conforme Ianni (1996, p. 11, 24).

Nesse contexto, o Estado necessário é o que promove a cidadania e a participação ativa e consciente. Um Estado deve ser capaz de conjugar a capacidade de estar presente, ser forte, decisivo, combatente das injustiças e defensor dos direitos sociais, da soberania e da liberdade republicana sem ser duro, grande e controlador demais e, jamais, subjugador das diferenças. Esse Estado cidadão é agregador e potencializador da alteridade e da liberdade dos sujeitos sociais.

Política e políticas públicas

O termo *política* tem dupla origem: do latim, *politicus*, e do grego, *politikós*. Em ambas, expressa o que diz respeito aos direitos dos cidadãos e a sua relação com os governos e o Estado. Em Atenas, na Grécia Antiga, o termo era utilizado em oposição à *oikonomia* (*oikos*, "casa", e *nomos*, "lei"), que significava "as regras da casa ou da vida pessoal". Os gregos diferenciaram a vida, a iniciativa e as propriedades pessoais ou familiares da gestão da *polis* (cidade).

A política, partidária ou não, sempre lida com interesses de poder e tem conotação ideológica mais ou menos consciente de quem a pratica, pois reivindica algo: ou a participação, ou o governo, ou ainda exercer o governo, que é a ação do representante do Estado nas relações com a sociedade. É por meio da política que se consegue aperfeiçoar as instituições, a gestão e os rumos do governo e, em medidas estruturais, o próprio Estado. Essa participação é dos cidadãos, de forma organizada, em conselhos, sindicatos, associações, movimentos sociais e comunitários e também nos projetos sociais. Mas é na participação político-partidária que ela se torna mais ideológica e efetiva quanto à disputa do poder governamental, da coisa pública. É fundamental que os partidos sejam ideológicos, programáticos e fortes para a superação das históricas relações políticas personalistas, paternalistas e de intermediação ainda presentes em nossas cidades, estados e país (Giehl, 2006).

Para termos certeza da necessidade dessas ações, convém diferenciarmos política pública, política de Estado e política de governo. Di Giovanni (2010, p. 4) esclarece que

> *as políticas de Estado são aquelas que conseguem ultrapassar os períodos de um governo. Ou seja, políticas públicas são políticas de Estado ou políticas de governo. A diferença entre aquilo que é política de Estado e*

> o que é política de governo é a maneira como elas são institucionalizadas. Se elas são fortemente institucionalizadas em uma sociedade, não há quem as mude. Não adianta trocar o governo. Um exemplo disso é o Bolsa-família. Dificilmente, se houver um governo diferente do atual, ele vai mexer nesse programa. Hoje, existe uma concepção social de que esse tipo de assistência aos pobres é um requisito da sociedade moderna. Outro exemplo é o que aconteceu com a política econômica do governo anterior, que o governo atual adotou. A política macroeconômica é igual. Então, a política de estabilidade monetária, que é uma política pública, é uma política de Estado. As políticas de governo são aquelas [que] têm menor durabilidade, com institucionalização mais fraca. Tanto a política do Bolsa-família quanto a política econômica atual estão muito institucionalizadas; vai ser difícil mexer nelas.

Dessa maneira, compreende-se que as políticas públicas, em geral, podem ser divididas por sua permanência no tempo. Se forem políticas de Estado, tanto melhor, pois atravessam os governos como maneiras permanentes de mobilização política.

Classificação das políticas de desenvolvimento social

Para Hannah Arendt (1999, p. 38), a política somente é possível em espaços de liberdade, pois se trata de viver politicamente neles. O espaço governamental consiste em um dos espaços essencialmente políticos e é em sua gestão que ocorrem os processos decisórios do que e como fazer com os recursos públicos disponíveis e como diante dos distintos interesses, necessidades e conflitos existentes. Isso é essencialmente político, pois lida com o que é público, ou seja, com o que pertence à *polis*. Por isso, há redundância na expressão *política pública*, visto que a política é necessariamente pública, até mesmo quando não é diretamente governamental.

As políticas são respostas organizadas pela sociedade, por meio do seu sistema político, às necessidades sociais da população. Ou seja, as políticas públicas são sempre dirigidas com o objetivo de resolver problemas sociais ou conflitos referentes à disputa dos bens e recursos públicos e devem se orientar pelos princípios e normativas da execução do Poder Público, mesmo quando executados por organizações da sociedade civil. Esses princípios, no Brasil, são estabelecidos pela Constituição de 1988, identificados como os princípios de legalidade, impessoalidade, moralidade, publicidade e eficiência. As letras iniciais dessas palavras formam a sigla *Limpe*, que expressa o desejo e a palavra de ordem da cidadania para a Administração Pública. São o almejo e a necessidade de lisura, transparência, universalidade, características traduzidas por Chaui et al. (2006) como *ética da política* – referindo-se aos critérios sociais de enquadramento – e *ética na política*, como metodologia do exercício da atividade pública.

As políticas públicas podem apresentar diversos formatos de classificação. A seguir, apresentamos alguns deles.

Classificação por natureza

Quanto à natureza e à abrangência, as políticas podem ser ESTRUTURAIS ou CONJUNTURAIS. Estruturais são aquelas que visam intervir estruturalmente em um setor, modificando-o ou consolidando determinadas situações. São exemplos de políticas estruturais aquelas que modificam sistemas como a educação, a saúde, a segurança e a cultura ou aquelas que modificam as condições socioprodutivas de setores, gerando novos patamares de crescimento econômico conjugados com a geração de trabalho e renda, entre muitos outros.

As políticas conjunturais têm, normalmente, um caráter mais emergencial e objetivam minimizar os impactos de problemáticas sociais gritantes e urgentes. Por isso, existem ações de combate à fome no sentido assistencial e a focos de violência e de doenças, ações de abrigo e agasalho, entre outras.

Classificação por abrangência

Quanto à abrangência dos beneficiários, as políticas podem ser UNIVERSAIS, SEGMENTADAS ou FRAGMENTADAS.

O acesso universal às políticas é um critério constitucional no Brasil e, sempre que possível, deve ser implantado, proporcionando ao conjunto de cidadãos o acesso a serviços de qualidade e integralidade de atendimento. Entretanto, nem todas as políticas são universais por seu perfil ou disponibilidade limitada de recursos. Nesse caso, há necessidade de adotar critérios públicos e sociais para atendimentos segmentados e fragmentados, como o foco em grupos com maior necessidade e/ou maior capacidade resolutiva de problemas sociais.

A estratégia de segmentação é muito utilizado para dirigir políticas, programas ou campanhas a públicos específicos, adotando-se um fator determinado (idade, gênero etc.) de formação dos segmentos.

A fragmentação é usada de forma ainda mais dirigida, com ações mais específicas, buscando-se alcançar objetivos bem determinados e atingindo-se grupos sociais dentro dos segmentos.

Contudo, a segmentação e a fragmentação das políticas não podem ferir os princípios constitucionais estabelecidos que requeiram a condição universal e republicana, ou seja, o tratamento igual dos iguais e o tratamento igual dos diferentes (quando necessitam de cuidados e atenções especiais). O acesso a políticas e programas públicos jamais pode ser pessoalmente diferenciado. Mesmo quando é individualizado, tem de ser por critérios universais.

Classificação por resultado

Quanto ao impacto ou resultado, as políticas podem ser classificadas, principalmente, como DISTRIBUTIVAS, REDISTRIBUTIVAS ou REGULATÓRIAS.

O impacto distributivo ocorre com a concessão de benefícios distribuídos a indivíduos ou unidades familiares, normalmente realizada em ações compensatórias ou de assistência. Esse tipo de ação facilmente pode adquirir conotação e metodologia paternalista e clientelista quando não articulado com ações de inclusão efetiva e emancipação social.

A redistribuição visa retirar bens de uma parcela social para distribuir a outra socialmente mais necessitada. São políticas mais efetivas quando conseguem alterar as estruturas de má distribuição de renda e oportunidades, podendo gerar mais igualdade econômica e social. A política regulatória, que define regras e procedimentos em favor dos interesses e necessidades da sociedade, também permite modificar estruturas da contradição para construir uma relação mais justa. Por fim, as políticas públicas que têm origem nas necessidades sociais transformadas em demanda por atores sociais ou atores políticos precisam ser implementadas com a participação efetiva e comprometida da sociedade, com a preocupação permanente da superação do assistencialismo. Este poderá existir como política compensatória e transitória, quando necessário, jamais como forma clientelista de manutenção de relações de dependência.

(2.2) Economia e mercado

Toda a política de ação pública de que falamos, que é regida pelo espírito da *polis*, ou seja, em benefício público desde sua concepção, inclui, como diferenciamos na mesma oportunidade, uma oposição de origem em relação ao termo *economia* (de *oiko*, "casa", e *nomía*, "regra", "organização"), que significava "as regras da casa ou da vida pessoal". Nessa relação de oposição e complementação, as contribuições de lado a lado são visíveis, ou seja, a economia reflete e reflete-se no âmbito público, assim como este se reflete nela. As acepções de *economia* e *mercado* relacionam-se como típicas das atividades produtivas, comerciais e de serviços para atender à dinâmica de produção e consumo das sociedades.

A palavra *economia*, desde a origem, era empregada no sentido de "administração doméstica", vinculada à economia política ou do país (casa) e à economia governamental. A partir da segunda metade do século XIX, a economia moderna adotou cada vez mais referenciais vinculados ao comportamento dos preços e dos mercados, distanciando-se das teorias políticas, embora economia e política não possam ser totalmente separadas, pois, essencialmente, apresentam implicâncias entre si.

O mercado é uma instituição que coloca vendedores e compradores em contato recíproco com a finalidade de promover a troca de bens econômicos ou dinheiro para entrega imediata ou futura. A interação entre eles determina os preços unitários e as quantidades transacionadas. Assim, os mercados se configuram como elementos essenciais do sistema de preços, e seu funcionamento regular depende do funcionamento efetivo destes últimos, os quais se constituem pela prática de dois princípios fundamentais: (1) a lei de interação inversa constante entre a oferta e a procura (quanto maior a oferta e menor a procura, menor o preço; quanto menor a oferta e maior a procura, maior o preço); e (2) o princípio de permanecer sempre aberto a novos concorrentes.

Apesar da condição essencial de dinamicidade, o mercado requer organização, estabilidade e continuidade nas operações realizadas nele. Para estas, os Estados nacionais e os organismos internacionais são as âncoras dos contratos diretos e das operações de valores, em que se transacionam títulos e ações que envolvem mais a troca de valores em signos e imagens do que mercadorias físicas.

(2.3) Privado, porém público: o lugar e a vez das organizações da sociedade civil

A expressão *terceiro setor* surgiu como forma de distingui-lo do primeiro setor (público) e do segundo setor (mercado) para se referir às diversas organizações privadas da sociedade civil com finalidade e interesse públicos. Segundo Ruth Cardoso (1997, p. 8), essa denominação redefine a noção de sociedade como não sendo nem governo nem empresa, por não querer submeter-se à lógica do mercado nem à lógica governamental. Essa ideia de independência seria também o que caracteriza a nova realidade de emergência dos cidadãos e de suas organizações como atores do processo de consolidação da democracia e do desenvolvimento social.

A forma organizativa mais típica do terceiro setor são as organizações não governamentais (ONGs). Essa denominação foi criada pela ONU para caracterizar as instituições que, embora não representem governos, são expressivas o suficiente para justificar sua presença formal, como o Conselho Mundial de Igrejas (CMI) e a Organização Internacional do Trabalho (OIT). Conforme Fernandes (1994, p. 65-66), as ONGs são

instituições propriamente privadas, mas sem fins lucrativos. Lucros eventuais devem ser reinvestidos nas atividades-fim, não cabendo a sua distribuição, enquanto tais, entre os membros da organização. Para que este princípio seja resguardado, os responsáveis legais de uma ONG (seus diretores) não podem sequer receber remuneração através de salários. O capital acumulado por uma ONG não pode se converter no patrimônio dos seus executivos. Não há herdeiros neste caso. Quando o criador (ou criadores) de uma ONG desaparece, uma pessoa deve assumir o seu lugar. Quando uma ONG desaparece, seus bens devem ser transferidos para uma outra organização do mesmo gênero. Por outro lado, apesar de serem não governamentais, seus fins têm as características do serviço público. Diferem quanto à escala, naturalmente, pois as ONGs são, se comparadas ao Estado, micro-organizações, mas coincidem em diversos aspectos quanto à natureza dos serviços. Os quadros de uma ONG são treinados para pensar, de maneira estratégica, em como atender a demandas socioculturais que não são satisfeitas pelo mercado. Apesar de pequenos, tendem a pensar como se fossem grandes. Isto é, são instados a internalizar a pergunta sobre o significado para as políticas públicas de cada projeto em que estejam envolvidos, por mais localizado que este projeto seja.

Essas organizações não fazem parte do governo nem estão na esfera de disputa direta do poder do Estado – diferentemente dos partidos políticos, cuja função é estabelecer veículos institucionais de passagem da sociedade para o governo. Isso não significa que os integrantes e colaboradores de ONGs sejam politicamente neutros como indivíduos. Ao contrário, como todo cidadão, têm direitos e deveres de posicionamento político.

Considerando-se que as ONGs não integram as esferas governamentais, seus programas e projetos não podem ter caráter compulsório ou de coerção. Sua influência na sociedade depende sempre do convencimento e da persuasão. A lógica governamental é marcada pela permanência e universalidade das políticas, enquanto a da sociedade civil distingue-se pela defesa de interesses específicos e pela experimentação de formas inovadoras de ação. Trata-se de lógicas que são diversas, não sendo fácil encontrar os caminhos de suas convergências e complementariedades. Devemos, por isso, valorizar a interlocução e a parceria entre governo e sociedade, sem confundir os papéis nem abdicar da autonomia e responsabilidade inerente a cada parceiro.

As ONGs se constituem em esferas institucionais distintas e absorvem problemáticas sociais e, consequentemente, os interesses e o poder. Caracterizam-se pela negação do lucro ou do poder de Estado e distinguem-se de valores que ultrapassam sua utilidade, uma vez que o mercado e, muitas vezes, a sociedade só consideram útil o que tem valor econômico ou poder político, sendo a adesão voluntária aos valores na condição de fins em si mesmos sua razão de ser específica. Assim, os jogos de interesse e de poder ganham concretude e especificidade entre as múltiplas atividades que compõem o terceiro setor.

Diferentemente dos sindicatos, das associações de moradores, das igrejas ou mesmo dos movimentos sociais, as ONGs não falam ou agem em nome de terceiros. Portanto, não têm caráter representativo; atuam somente em nome próprio, sem depender de complexos jogos políticos, o que é característico de sistemas representativos para legitimar suas decisões. Dessa forma, são organizações mais leves e flexíveis, que podem facilmente se adaptar a novas realidades ou se multiplicar em função de demandas ou iniciativas.

Para as organizações da sociedade civil, os projetos sociais representam um de seus principais instrumentos de gestão porque viabilizam a inovação, o foco em realidades específicas e o financiamento das atividades. Com isso, pesquisadores, técnicos e ativistas sociais são desafiados a definir sua atuação de acordo com cronogramas, fins e meios que guardam relações de coerência entre eles. Fernandes

(1994, p. 67) alerta que "os projetos devem ser traduzíveis em um orçamento que quantifique o valor dos meios necessários para a obtenção dos fins almejados e isto em termos específicos o bastante para permitir prestações de contas confiáveis". Isso levou à introdução da gestão estratégica, racional e programática na cultura dessas organizações, além de uma forte dose de pragmatismo no estabelecimento de objetivos, metas e processos, diminuindo o improviso e a ação social generalista.

Nas décadas de 1970 e 1980, movimentos e organizações sociais se desenvolveram à margem das fontes de recursos públicos locais na América Latina. Eles evitavam relações com o Estado e com empresas privadas para manter a autonomia interna. Suas principais fontes de financiamento eram as entidades de cooperação internacional, que viabilizavam ações mais estruturadoras de processos do que de projetos com resultados mensuráveis específicos. Elas financiavam a organização de associações organizativas – como sindicatos e oposições sindicais – e a estruturação de movimentos sociais. No entanto, mais do que o dinheiro, eram patrocinados os conceitos e a forma institucional de autonomia em relação aos Estados locais. Muitos financiamentos e relações eram até mesmo clandestinos nos países com ditadura militar.

Na década de 1980, em toda a América Latina, houve avanços em direção à democratização. As ditaduras militares começaram a perder força graças a vários fatores, entre eles a própria pressão social por elas provocada, o cansaço da sociedade em relação à opressão e à censura e, principalmente, os movimentos de resistência democrática que se espalharam pela região. Villaça [20--] assim resume as mudanças radicais ocorridas na América Latina naquela época:

Entre 1979 e 1990, mais de uma dezena de países latino-americanos viveram a transição democrática: na América do Sul, por exemplo, o fim do regime militar ocorreu em 1982, na Bolívia; em 1983, na Argentina; em 1984, no Uruguai; em 1985, no Brasil, e em 1988 no Chile [...]. Apesar do ocaso dos regimes militares ocorrer, na América Latina, num curto intervalo de tempo, há diferenças substanciais entre os processos históricos de cada país. Na Argentina, por exemplo, o fracasso da atuação das Forças Armadas na Guerra das Malvinas (1982) contribuiu substancialmente para o enfraquecimento do regime militar e para que uma grande mobilização popular se articulasse para exigir o fim da ditadura, que ocorreu logo em seguida, em 1983. Já no Chile, apesar de ter ocorrido, durante o regime militar, um gradual fortalecimento das mobilizações populares (no início dos anos 80), e a rearticulação dos partidos de esquerdas – que conformaram o Movimento Democrático Popular – o fim do regime militar foi um processo bem mais lento que o ocorrido na Argentina. Se comparado ao caso argentino, a estabilidade do regime militar chileno se revela no fato de que o general articulador do golpe militar de 1973, Augusto Pinochet, sempre gozou de significativa popularidade e governou o país até 1990.

Essa realidade mudou nos anos 1990, quando as relações entre os Estados começaram a se tornar mais próximas e a cooperação internacional passou a ser direcionada para projetos específicos, com desempenho concreto e resultados clara e objetivamente tangíveis. A propósito, a formulação de novas metodologias tornou-se produto de financiamentos. Assim, algumas entidades internacionais se especializaram em difundir métodos de formação, planejamento e organização local da sociedade civil, articulados ou não com o Poder Público.

A democratização e a abertura dos países trouxeram liberdade, mas também pluralidade e generalidade relacional. Há uma grande diversidade de organizações, que, por sua vez, têm diversas relações com agências de cooperação, instituições sociais, estatais e empresariais. As alianças programáticas e institucionais duradouras são cada vez mais raras, fortalecendo ainda mais o espaço e o papel dos projetos. Eles são a orientação organizativa dos empreendimentos sociais e o caminho de captação dos recursos financeiros locais, nacionais e internacionais, realidade que abriu espaço para outro perfil de organização social: o de especialista em monitoramento de desempenho de projetos e organizações sociais.

(2.4) As ONGs no Brasil

Um estudo do Instituto Brasileiro de Geografia e Estatística – IBGE e do Instituto de Pesquisa Econômica Aplicada – Ipea (IBGE, 2004, p. 23), em parceria com a Associação Brasileira de Organizações não Governamentais – Abong – e o Grupo de Institutos, Fundações e Empresas – Gife –, estabeleceu um quadro geral das 276 mil instituições privadas sem fins lucrativos no país. Embora sejam diversas, as ONGs partilham a condição de serem majoritariamente compostas por trabalhadores voluntários, autônomas, privadas e formadas por cidadãos que se reúnem livremente em torno de objetivos sociais em comum. O estudo aponta ainda algumas características, entre elas:

> O trabalho majoritariamente é voluntário, mas tem potencial de profissionalização: a maioria dessas organizações (77%) é de pequeno porte e mantida com trabalho voluntário dos associados, enquanto apenas 1% delas (cerca de 2.500 entidades) tem quase um milhão de trabalhadores empregados. Isso mostra o potencial de geração de trabalho e renda que se estabelece à medida que essas organizações se consolidam e profissionalizam sua atuação.
>
> As organizações são majoritariamente novas: 62% das organizações foram criadas a partir da década de 1990.
>
> O crescimento é acelerado: o ritmo de crescimento das entidades se acelera a cada década, sendo de 88% entre 1970 e 1980; 124% entre 1980 e 1990 e 157% entre 1996 e 2002.
>
> A preocupação majoritária é com os direitos humanos e sociais: as organizações que têm como objetivo promover o desenvolvimento e a defesa dos direitos humanos, como centros comunitários, associações de moradores e de defesa de grupos específicos ou de minorias, apresentaram um grande crescimento na última década. Entre os anos de 1996 e 2002, essas instituições quadruplicaram em quantidade, passando de pouco mais de 11 mil para 45 mil no período.

O crescimento das organizações de classe: na década de 1990, as organizações profissionais e patronais tiveram aumento de três vezes e meia relativamente ao seu número de unidades organizativas. Dentre elas, o grande destaque são as associações de produtores rurais, passando de 4 mil (1996) para 25 mil (2002).

A preocupação com o meio ambiente: há um aumento significativo das entidades ligadas ao meio ambiente e à proteção dos animais, passando de 389, em 1996, para 1.591, em 2002.

As mais antigas são das áreas de saúde e a educação: as organizações que prestam serviços em saúde e educação estão entre as mais antigas e consolidadas profissionalmente, sendo 70% delas criadas antes da década de 1990. Estas áreas empregam mais da metade (52%) do total de pessoas em entidades sem fins lucrativos. Entretanto, nelas se percebe que as entidades que prestam serviços na educação infantil, como creches e pré-escola, contam com poucos assalariados, numa média de sete empregados por instituição, enquanto as organizações de ensino superior têm uma média de 121 assalariados cada uma. Isso também ocorre na área de saúde, em que as prestadoras de serviços não hospitalares, como de prevenção e educação ou em atividades ambulatoriais, têm uma média de 24 trabalhadores por organização, enquanto os hospitais apresentam média de 154 trabalhadores por instituição. Dessa forma, embora empreguem 52% (798.855 pessoas), representam apenas 8% do total de entidades, sendo 3.798 que atuam em saúde e 17.493 em educação.

As organizações voluntárias: as organizações religiosas, que atuam na defesa dos direitos e nas associações patronais, embora reúnam o maior número de entidades, empregam somente 17% do total de trabalhadores em entidades sem fins lucrativos. Nestas encontram-se pouco mais de um trabalhador por entidade, sendo 70.446 entidades que empregam 101.513 pessoas.

> Os salários no terceiro setor: a média de remuneração dos trabalhadores é um pouco acima (4,5 salários) dos assalariados das empresas públicas e privadas (4,3 salários). Assim como nos demais setores, as diferenças salariais dependem do tamanho das organizações e da complexidade da formação profissional.

FONTE: IBGE, 2004, P. 50-51.

Os dados destacados no estudo ilustram o crescimento das iniciativas de auto-organização da sociedade civil no Brasil e sua importância no desenvolvimento de projetos de transformação de realidades. Mostram também o grande potencial de empregabilidade para profissionais qualificados e engajados, dispostos a fazer a diferença no mundo.

Atividade

Indique, na sequência, a alternativa que melhor corresponde a cada um dos conceitos a seguir:

a) ONG
b) Terceiro setor
c) Estado
d) Economia
e) Política

( ) Privado com funções públicas.
( ) Típica forma de organização do terceiro setor.
( ) Lida com interesses e disputa de poder.
( ) Institucionalização ou contratualização do poder.
( ) Atividades produtivas, comerciais e de serviços.

(**3**)

Linguagem e projetos sociais

Pedro Roque Giehl
Darlene Arlete Webler

Neste capítulo, abordaremos a linguagem utilizada em projetos sociais considerando todo o processo de elaboração, desde as primeiras etapas do planejamento, a enunciação das primeiras ideias e a discussão dos problemas até a construção do texto final. Tratar de elaboração de projetos sociais implica articular concepções como as de sujeito e subjetividade, alteridade, heterogeneidade, interlocução, linguagem coloquial e linguagem culta.

Nesse contexto, não concebemos a linguagem tão somente como um código que é utilizado em situações de comunicação ou um conjunto de sinais convencionados socialmente para a transmissão de mensagens, mas como um processo de uso dessas convenções por sujeitos socialmente situados em uma relação dialógica com diferentes componentes da exterioridade. Dada a amplitude temática da interface entre linguagem, sujeito e sentido, subdividimos este capítulo em algumas seções, sendo a primeira delas voltada a questões preliminares a respeito da linguagem.

(3.1) Questões preliminares sobre a linguagem

No decorrer da história da humanidade, a linguagem exerceu grande fascínio sobre o ser humano, não somente porque tem o poder de nomear seres, coisas, sensações etc., mas, especialmente, porque possibilita a interlocução dialógica entre sujeitos na troca de experiências, na expressão de sentimentos, opiniões e raciocínios, na documentação diversa e até mesmo no exercício da imaginação. É por meio da linguagem que os sujeitos se constituem e os sentidos enunciados ou silenciados emergem. Em suma, a linguagem pode ser entendida como o processo de interação comunicativa que se estabelece pela construção de sentidos.

Apesar de a linguagem compor a essência humana e de a capacidade de falar ser um dos traços distintivos do ser humano em relação ao restante dos animais, isso não significa que sejamos a única espécie a se comunicar. Há várias formas de comunicação, e cada grupo de seres vivos tem a sua. Se observarmos as formigas, por exemplo, perceberemos a forma como se organizam coletivamente para a coleta de folhas e a condução destas ao formigueiro, sempre mantendo uma comunicação entre si. Se algo inesperado ocorre, imediatamente todas são afetadas e há uma rápida desorganização seguida de uma reorganização.

A forma de comunicação faz parte da natureza dos seres vivos e é específica de cada espécie. Diferentemente da capacidade de se comunicar, a de falar é própria dos seres humanos. Por isso, vamos nos ater aos processos comunicativos voltados à construção e à concretização de projetos sociais, independentemente de ser essa uma capacidade inata ou essencialmente um resultado da vivência em sociedade.

Não há sociedade sem linguagem e sem comunicação. Tudo o que se produz como linguagem ocorre em sociedade para ser comunicado e constitui uma realidade material, a qual se relaciona com o que lhe é exterior, com o que existe, independentemente da linguagem. Como realidade material (sons, palavras, frases), a linguagem tem relativa autonomia, mas, como expressão de ideias e de propósitos, é guiada pela forma como se vê o mundo e pela exigência da realidade social, histórica e cultural do falante (Cipriano; Viude, 2008).

A linguagem se manifesta com base em certa organização, propiciando diferentes leituras, seja no plano verbal (palavra oral ou escrita), seja no plano não verbal (gesto, imagem, nota musical etc.). A combinação de unidades próprias das linguagens verbal e não verbal é designada de *linguagem mista*.

Nessa ótica, todas as pessoas são capazes de ler o mundo em que vivem – por exemplo, a linguagem não verbal das nuvens carregadas anunciando chuva ou tempestade; a alegria estampada em um rosto diante de um fato ou objeto; uma placa de trânsito proibindo estacionar ou com seta indicativa de curva na rodovia. Ressaltamos, no entanto, que são distintos os graus de leitura e compreensão deste mundo.

Consideramos importante destacar que as linguagens REPRESENTAM este mundo, mas não são este mundo. Assim, as palavras não são os objetos em si, mas os representam. Trata-se de códigos que somente têm sentido se os indivíduos entendem seu significado, conseguem interpretá-los e se interagem com outros que também os conhecem. Para exemplificar, tomemos a palavra *cadeira*, que não é a cadeira em si – afinal, não sentamos na palavra *cadeira*. Ao falarmos nela, imediatamente temos a IDEIA DE CADEIRA – ainda que a referência/ representação de *cadeira* seja bastante distinta para cada indivíduo. Aparentemente, são relações simples. Entretanto, quando não se trata da representação de objetos concretos (como uma cadeira), mas de ideias, pensamentos ou desejos, representar por meio de palavras torna-se uma tarefa complexa. Difícil não pensar no desafio que é o processo de elaboração de um projeto social.

(3.2) Linguagem: caráter social e construção da alteridade

Nos estudos linguísticos tradicionais, os códigos da língua são designados de *signos linguísticos* em referência às representações da realidade por meio da palavra, sendo cada signo composto por um significado (o conceito do objeto) e um significante (os sinais gráficos ou sonoros que representam o objeto). Nessa ótica, o código é tomado como sistema da língua fechado sobre si mesmo. Trata-se de um posicionamento teórico que não considera a possibilidade de haver distintas representações de determinado objeto, conforme as experiências e a visão de mundo de cada sujeito. Essa orientação teórica tem se mostrado impenetrável à ideia de ver os fenômenos da língua e da linguagem como integrantes do padrão social.

Outras correntes teóricas (como a sociolinguística, a semântica enunciativa, a análise do discurso e a pragmática), por sua vez, têm colocado no centro de seus estudos o caráter social da língua e da linguagem, articulando elementos da exterioridade. Essa perspectiva não significa simplesmente ter em conta o uso coletivo do idioma, mas considerar os diversos aspectos de uma situação comunicativa e as formas de apreensão de sentidos por sujeitos que têm distintas experiências e visões de mundo.

A noção de sujeito não pode ser utilizada apenas para identificar os interlocutores por meio de marcas linguísticas formais (pronomes, substantivos) em um texto falado ou escrito, mas deve ser pensada com base em um lugar histórico e social. Quando o sujeito enuncia, faz emergir um conjunto de indícios desse lugar. Por isso, fazemos aqui a distinção entre sujeito (que remete a lugar histórico-social) e locutor (o indivíduo falante). Cabe salientarmos que as palavras de um locutor trazem sentidos que podem ou não ser evidentes e apreensíveis para seus interlocutores – como expressões próprias de uma categoria profissional ou de seguidores de uma filosofia político-ideológica.

A respeito da reflexão sobre a construção da alteridade do sujeito por meio da linguagem, optamos por apresentar ilustrativamente, a seguir, alguns recortes de falas de indivíduos para mostrarmos como essa alteridade se evidencia.

> "Na empresa tradicional no capitalismo existe dois
> 'povo': um do escritório e outro da produção e que
> não querem (patrões) que se mistura. Se misturar
> dá problema na divisão do lucro. Então pra nós é
> diferente. Todos têm que tá junto todos têm que saber
> de todos os problemas da empresa... o que perdeu o
> que deixou de ganhar o que deixou de fazer e assim
> por diante." (J. H., metalúrgico)

FONTE: WEBLER, 2008B, P. 256.

> "Antes eu me sentia só um peão que fazia o serviço
> de soldagem que mandavam fazê. Hoje sou mais que
> um soldador... sou um cooperativado. [...] Quando
> tem reunião de equipe ou assembleia eu participo
> pergunto dou minha opinião. Sabe me sinto gente...
> sinto que posso ajudar." (L. C., soldador)

FONTE: BEZERRA; GARCIA, 1983, P. 52.

> "Quando eu falo o pensamento vem de um outro
> mundo. [...] A educação que chega pro senhor é a
> sua da sua gente é pros usos do seu mundo. Agora a
> minha educação é a sua. Ela tem o saber de sua gente
> e ela serve pra que mundo?" (A. C. S., lavrador)

FONTE: SOUSA, 1982, P. 8.

O processo de emancipação dos indivíduos pela linguagem, ou seja, a construção da alteridade, contribui para que eles façam novas leituras de seus lugares, posicionando-se diferentemente após esse processo. Percebendo a realidade que os cerca e percebendo-se efetivamente parte dessa realidade, já não são mais os mesmos, são outros sujeitos. Desencadeia-se um processo de desconstrução e reconstrução de ideias, de modos de pensar, de saberes.

Nos recortes apresentados, os trabalhadores passam a "se enxergar" no processo do qual participam, tornando-se agentes dele. As formas de eles verem o mundo são transformadas: J. H. B. faz um comparativo entre as práticas estabelecidas na empresa capitalista e na cooperativa de autogestão; L. C. passa a se identificar como alguém que participa de toda a dinâmica de funcionamento da cooperativa, desde a tomada de decisões até o resultado final de produção; e A. C. S. faz uma importante observação sobre os saberes, que têm origens e objetivos ("serve pra que mundo?") distintos para ele (lavrador) e seu interlocutor (educador popular). Fazer avaliações como essas, especialmente a última, mostra a construção da alteridade desses sujeitos, de sua percepção como agentes históricos – evidenciada por meio da linguagem.

(3.3) Linguagem e apreensão de sentidos

Ao observarmos a linguagem, devemos considerar os indivíduos (locutor e interlocutor) envolvidos na interlocução dialógica, seus lugares sociais e suas intenções, os diferentes elementos da exterioridade que se fazem presentes e, muitas vezes, são determinantes na situação comunicativa.

Para fins de ilustração, a seguir apresentamos duas partes de uma matéria escrita pelo jornalista Ivan Ângelo (2001) sobre a rebelião de mais de vinte presídios ocorrida em São Paulo, em 2001, que assustou a população, principalmente pelo nível de organização dos líderes do movimento.

O momento de avaliar e fazer mudanças

Passado o arrastão de rebeliões, chegou o momento dos balanços, dos planos, da preparação: o que houve de errado, o que fazer? Na televisão, esse ângulo dominou os telejornais e as entrevistas especiais. Ontem, no SPTV 1ª Edição, o secretário da Segurança Marco Vinício Petreluzzi deu uma entrevista com conteúdos interessantes. Disse que a espetacularidade do motim nos presídios de certa forma obscureceu a ação das autoridades carcerárias e policiais. A resposta, disse ele, foi dura e sem excessos, e impediu fugas, que eram, sim, um dos objetivos do movimento. O LADO OTIMISTA DE SE OLHAR A REBELIÃO, SEGUNDO A INTERPRETAÇÃO QUE SE PODE FAZER DE SUAS PALAVRAS, É QUE ELA GEROU UMA ÓTIMA OPORTUNIDADE PARA MUDANÇAS [1]. O governo federal mostrou-se disposto a uma ação; os estaduais, a Justiça e principalmente a sociedade, que se mexe e se mobiliza sempre que leva um susto como este. [...]

"PAZ, JUSTIÇA, LIBERDADE" [2]. Estas três palavras tão maltratadas foram vistas pelos telespectadores em todas as reportagens da televisão, escritas pelos presos em faixas, cartazes, nos muros e no chão. NÃO VI NENHUM REPÓRTER, ÂNCORA OU APRESENTADOR QUESTIONÁ-LAS, NEM ESPANTAR-SE [3]. Algum jornalista deveria ter procurado explicá-las, para atender ao telespectador perplexo; deveria entrevistar algum preso do PCC para entendermos direito o que eles querem dizer com tais palavras. QUE "PAZ"? ESSA QUE OS LEVA A CORTAR CABEÇAS DOS COLEGAS? ESSA DOS FACÕES, PISTOLAS, CELULARES, QUE AS IMAGENS DA TEVÊ MOSTRARAM? QUE "JUSTIÇA"? ACASO SENTEM-SE INJUSTIÇADOS? EM QUE ASPECTOS? QUE SE DÊ UM SIGNIFICADO À PALAVRA, NO CASO O SIGNIFICADO DELES, PARA QUE SE SAIBA O QUE ELES QUEREM DIZER E SE LIVRE O ESPECTADOR DA PERPLEXIDADE. QUE "LIBERDADE"? SERÁ QUE ELES QUEREM A RUA? DE QUE LIBERDADE ESTÃO FALANDO? DA MESMA QUE A SUA, A NOSSA? [4]

FONTE: ÂNGELO, 2001, GRIFO NOSSO.

Na primeira parte do texto, o jornalista destaca e comenta o ponto de vista do secretário de Segurança. Ivan Ângelo afirma que as palavras do secretário sugerem que um lado otimista teria gerado oportunidade de mudanças (1). Embora surpreso com a postura do secretário, o jornalista acredita que o tom dado na entrevista – de alguém que tem necessidade de afirmar seu lugar de autoridade – não chame a atenção das pessoas, de modo geral. Aparentemente, é um lugar comum, de senso comum, e por isso um discurso facilmente aceito. Mas uma leitura mais cuidadosa conduz a outros pontos de vista em relação ao fato e a grupos sociais específicos, como líderes da rebelião, parentes dos presos, moradores próximos aos presídios, mídia internacional e organismos humanitários.

Na segunda parte, o jornalista enfoca a divulgação jornalística centrada no uso de palavras como "paz, justiça, liberdade" pelos presos em faixas, cartazes, muros e no chão sem que houvesse qualquer comentário ou questionamento vindo desses canais de comunicação. Ângelo mostra-se perplexo, por um lado, pela utilização dessas palavras pelos presos em rebelião (2) e, por outro, pela total ausência de comentários sobre o fato em respeito aos telespectadores (3). Ao elencar um conjunto de perguntas (4), o cronista manifesta estranheza e repúdio diante da contradição dos presos ao usarem termos que remetem à vida e praticarem ações que conduzem à morte. Cabe salientar que essas palavras (2) são comumente utilizadas pelas pessoas no meio familiar, educacional, profissional, enfim, em ambientes não identificados com o crime, adversos a lugares como presídios.

Em ambas as partes, discursos ora se materializam na enunciação de palavras e posicionamentos, ora são percebidos por meio do silenciamento. São discursos provindos de diferentes lugares – Estado, imprensa, presos em rebelião –, atravessados por ressonâncias discursivas, situadas social, cultural e historicamente. Com base nesses discursos, a apreensão de alguns sentidos só é possível se o interlocutor se propuser a analisar a linguagem, debruçando-se no exame cuidadoso da materialidade enunciativa, na busca de subentendidos, indícios e implícitos e na percepção de relações interdiscursivas e intertextuais. Devemos atentar às várias leituras possíveis e estabelecer diferentes relações no interior dos textos e entre textos, considerando os diversos elementos da exterioridade.

(3.4) Linguagem coloquial e linguagem culta

Em qualquer nível de comunicação, é fundamental atentarmos para a adequação da linguagem à situação comunicativa e aos interlocutores envolvidos. Normalmente, em uma situação informal de conversa entre indivíduos com certo grau de proximidade, há uma preocupação menor com a elaboração do que é enunciado e com o modo como se enuncia (escolha de palavras, construção frasal, regionalismos etc.). Já em se tratando de um ato comunicativo oral que exija formalidade ou, especialmente, que se apresente na forma escrita, porém, a elaboração enunciativa (o que e como) é cercada de grande preocupação com a correção gramatical. Logo, para alcançarmos os objetivos do ato comunicativo, precisamos adequar a linguagem à situação e ao(s) interlocutor(es).

A linguagem de cunho popular – linguagem ou padrão coloquial – é aquela utilizada em situações que se caracterizam por uma informalidade maior nas conversas entre familiares, amigos, colegas de trabalho etc.), por intenções mercadológicas (revistas, propagandas, músicas destinadas a grupos específicos da sociedade) ou pela intenção de reproduzir falas de personagens da ficção, analisar ou fazer crítica literária. Trata-se de uma linguagem que se reveste de um alto grau de liberdade de expressão, desde que possibilite a compreensão do que é enunciado entre os interlocutores, sendo permitido o uso de gírias e neologismos (palavras novas ainda não dicionarizadas), repetições e construções inadequadas aos olhos da gramática normativa. Assim, é fundamental que a linguagem coloquial seja usada em situações comunicativas adequadas, isto é, em situações informais, em que os interlocutores têm entre si uma relação de proximidade e espontaneidade. Eis o caso da linguagem empregada, por exemplo, entre os indivíduos participantes de uma associação de moradores de bairro ou de uma cooperativa de economia solidária que se reúnem para discutir seus problemas, buscar soluções ou planejar um projeto social.

Na fase da elaboração escrita do projeto, a linguagem deve apresentar-se em caráter formal culto, em texto com coerência, coesão, clareza, enfim, com adequação linguística para que obtenha eficácia em seus propósitos. A linguagem formal – ou padrão culto – é utilizada em situações que exijam formalidade, seja na modalidade oral (falada), por exemplo, em solenidades oficiais, seja na modalidade escrita, como em correspondências comerciais e oficiais, em textos científicos, didáticos, oficiais, institucionais etc. A exigência da norma culta se deve, em linhas gerais, à formalidade da situação comunicativa, implicada pela necessidade de rigor das informações, dos conceitos, preceitos e objetivos em questão. Ela se caracteriza pela correção de linguagem relativamente a aspectos como ortografia, pontuação, emprego correto das palavras quanto ao significado, concordância, regência, organização frasal, desenvolvimento dos parágrafos, construção lógica e coerente do texto – de acordo com o que preconiza a Nomenclatura Gramática Brasileira (NGB). Lembramos que a norma culta está mais ligada à escrita por seu caráter de maior planejamento e elaboração.

(3.5) Linguagem e projetos sociais: algumas orientações

A elaboração de um projeto social é uma tarefa complexa e desafiadora. As palavras e as linguagens são oriundas de sujeitos sociais e precisam contemplar efetivamente as ideias, os pensamentos e os anseios formulados pela coletividade (sujeitos locutores) para que estes possam ser compreendidos por seus interlocutores (primeiramente pelos assessores ou educadores e, depois, pelos sujeitos da instância à qual o projeto é dirigido). Assim, a escritura do projeto deve elucidar, com a maior fidelidade possível, esse processo de elaboração, transpondo a linguagem coloquial para a culta conforme os códigos convencionados na língua portuguesa. O elaborador do projeto não é exatamente um tradutor da linguagem da comunidade para aqueles que recebem o projeto; ele deve constituir com ela uma unidade, se possível uma comunidade de linguagem, refletindo a realidade própria da comunidade sem se alçar a formulador dessa linguagem ou dessas necessidades que são emanadas dela própria, e não do projeto ou do elaborador.

Considerando os diversos componentes implicados na elaboração coletiva – sujeitos, visões de mundo, intencionalidade, adequação de linguagem, coesão e coerência textuais etc. –, a seguir, apresentamos algumas observações quanto à organização textual e escritura do projeto.

Linguagem em padrão culto

Como já explicamos, a escritura do projeto social deve ser feita em linguagem culta, dada a situação de formalidade e os papéis institucionais dos interlocutores. A escolha de palavras e expressões, a construção das frases, a organização dos parágrafos e a tessitura de cada parte e do texto todo devem estar de acordo com a norma culta da língua portuguesa.

Ao redigir um texto em norma-padrão, deve-se evitar o uso de neologismos (palavras não dicionarizadas, criadas para suprir necessidades dos falantes), gírias (vocabulário de determinado grupo ou geração que marca a identidade destes por meio da linguagem), expressões regionais (termos e expressões próprios de determinada região), vulgarismos (palavras vulgares, grosseiras e até obscenas), arcaísmos (termos ultrapassados) e preciosismos (palavras eruditas, raras, que são conhecidas somente por um grupo restrito de falantes).

Competência linguística

Os textos redigidos em linguagem formal exigem a observância da norma culta e o respeito às convenções; caso contrário, produzem efeitos desconcertantes. Os tipos de desvios mais comumente cometidos relacionam-se aos seguintes aspectos: ACENTUAÇÃO GRÁFICA (por exemplo, o uso de "tem", no singular, quando deve ser "têm", no plural; o emprego correto da crase como em "referência a ela", e não "à ela", por causa do pronome pessoal do caso reto); SINAIS DE PONTUAÇÃO (especialmente a vírgula); GRAFIA DE PALAVRAS ("pretensioso" e não "pretencioso"; "exceção" e não "excessão"); CONCORDÂNCIA (em vez de "Não faltou o Luís e a Rosa", "O Luís e a Rosa não faltaram"); REGÊNCIA (em vez de "O projeto chegará no fim...", "O projeto chegará ao fim..."); COLOCAÇÃO PRONOMINAL (não utilizar "Vou pôr ela a par do assunto" e sim "Vou pô-la a par do assunto"); LÉXICO, relacionado à inadequação vocabular (ao usar, por exemplo "Os prejuízos são vultuosos", em vez de "vultosos" – *vultuoso* significa "de rosto inchado"; *vultosos* "de vulto, volumoso").

Clareza e objetividade

A apresentação de cada uma das partes (problema, diagnóstico da realidade, objetivos, metodologia etc.) deve ser feita de forma clara, com objetividade e detalhamento, de modo que os interlocutores realmente consigam apreender o que se busca por meio do projeto social. Nesse sentido, deve-se evitar o emprego de NOÇÕES GENÉRICAS E CONFUSAS (palavras de significado muito amplo, como *liberdade* e *ética*; NOÇÕES DE TOTALIDADE INDETERMINADA (abrangência muito vasta e imprecisa, como em "Todos os políticos são iguais"); CONCEITOS CONTRADITÓRIOS (afirmação que desminta uma anterior); FALSOS PRESSUPOSTOS (as "falsas verdades"); NOÇÕES SEMIFORMALIZADAS (termos científicos usados inadequadamente ou sem contextualização, – por exemplo, em "Professores pertencem à burguesia e alunos, ao proletariado", há inadequação, uma vez que *proletariado* remete aos trabalhadores e *burguesia*, aos empresários ou patrões).

Argumentação

Na produção de um texto, em princípio, o sujeito autor está interessado em convencer o leitor de alguma coisa. Esse interesse é evidente no caso de um projeto social. Afinal, elaboramos e encaminhamos uma proposta para apreciação com a expectativa de tê-la aprovada. A busca por convencer o interlocutor a aprovar um projeto passa pela apresentação de uma tese (um problema) e dos argumentos que a sustentam – a fundamentação do problema.

Os argumentos são de natureza lógica e linguística e devem ser apresentados de forma consistente, clara, coerente e consecutiva. Podem ser apoiados por conteúdos de verdade consensualmente aceitos, em afirmações de uma autoridade reconhecida, em fundamentação por meio de documentação que comprove sua validade e em operações de raciocínio lógico.

Coerência e coesão

Um texto coerente apresenta as ideias e os argumentos com encadeamento lógico e progressivo, que passa pela retomada de conceitos e pela apresentação de novas informações sobre os propósitos dos elementos retomados. Assim, o sentido do texto progride, e isso se dá pela soma de ideias novas às que já estavam sendo tratadas.

Já a coesão está no plano gramatical (percebida, geralmente, pelas marcas linguísticas), estabelecendo relações no interior das frases e dos parágrafos. As conjunções, por exemplo, são elementos de coesão, pois, ao ligarem orações entre si, embutem determinados sentidos às relações: a conjunção *mas* indica oposição da ideia da segunda oração em relação à primeira ("Planejava participar da reunião, MAS um imprevisto o impediu."). Os elementos coesivos são muito importantes no texto, mas é preciso ter atenção para utilizá-los corretamente.

Enfim, a coerência e a coesão promovem a conectividade textual: a primeira, a inter-relação entre as ideias, os argumentos; e a segunda, a inter-relação entre as sequências frasais.

Nível de informatividade

Trata-se de um elemento importante para a apresentação da tese e dos argumentos. Os dados de informação sobre o organismo (grupo social organizado) responsável pelo projeto e a descrição do(s) problema(s), metodologia e metas apresentadas no projeto social devem ser expostos clara e detalhadamente – mas não com excesso de detalhes –, de forma que os interlocutores não tenham dúvidas sobre quem é o solicitante, quais são suas intenções, o que está na centralidade do projeto social, sua metodologia e viabilidade.

Atividades

1. Leia o fragmento textual a seguir, que se apresenta em linguagem coloquial, e reescreva-o usando a linguagem culta. Você deve considerar este pequeno texto como parte da elaboração de um projeto social.

> Aí, galera. Na primeira reunião, a gente falou de muitos problema que nós temo aqui na comunidade, muitas ideias foram dadas. Aí a gente viu que precisava prioriza uma pra fazer nosso projeto. Todos concordaram que precisa ter umas pessoas pra coordenar esse projeto e aí ficamo de trazer sugestões pra próxima reunião, na outra semana.
> Na segunda reunião, decidimo quem ficava na coordenação. Falamos dos objetivos que a gente quer conseguir, de por que isso, de como fazer, com que dinheiro e o que mais a gente vai precisar, quem vai fazer e também onde vai fazer, onde a gente vai começar os nossos trabalho.
> Bom, a coordenação ficou de trazer uma proposta pra reunião de hoje, que a gente vai apresentar pra vocês e depois discutir a proposta e ver as sugestões, o que tem que tirar, o que falta, o que tem que mudar... pra poder mandar logo esse projeto.

2. Leia atentamente as afirmações a seguir. Em seguida, marque V para as verdadeiras e F para as falsas:

( ) A linguagem deve ser considerada um processo de uso da língua, do código linguístico, por sujeitos situados em relação dialógica.

( ) Um projeto social deve apresentar, necessária e fielmente, o relato de todas as ideias e discussões, no decorrer de todo o processo de elaboração.

( ) A capacidade de falar faz parte da natureza dos seres vivos e é específica de cada espécie.

( ) Uma proposta de projeto social deve apresentar argumentação consistente e convincente.

( ) Em um texto culto, devem-se evitar gírias, expressões regionais, vulgarismos, arcaísmos e preciosismos.

( ) A construção da alteridade do sujeito pela linguagem está relacionada ao processo de emancipação dos indivíduos.

( ) A correção linguística é importante na redação de um projeto social, visto se tratar de um registro formal.

( ) Os elementos de coerência ligam as orações entre si.

(**4**)

Fundamentos metodológicos
e etapas dos projetos sociais

Pedro Roque Giehl
Darlene Arlete Webler

Neste capítulo, vamos tratar dos fundamentos metodológicos e dos ciclos de vida dos projetos sociais. Desde o surgimento das ideias até a concretização das ações, há vários passos que precisam ser dados de forma organizada para que o projeto tenha a solidez metodológica necessária. Eles não devem ser vistos de maneira fechada nem burocrática, porém como indicações que nos possibilitam avançar com segurança na direção certa, desde antes da elaboração até depois da concretização das ações dos projetos. Esses passos caracterizam-se como o ciclo de vida dos projetos.

(4.1) Fundamentos metodológicos

A metodologia é compreendida como o estudo que orienta os caminhos a serem percorridos para se fazer algo de forma organizada. No caso desta obra, representa a orientação para a ordenação do conjunto de tarefas, procedimentos ou etapas que é preciso seguir para atingir os objetivos e metas estabelecidos. Para tanto, não existe um único caminho a ser seguido. Assim como podemos seguir vários caminhos para ir de um lugar a outro, no planejamento estratégico e na definição de projetos podemos adotar formas metodológicas distintas e obter resultados satisfatórios. Contudo, qualquer que seja a opção quanto à orientação metodológica, é necessário segui-la até o fim ou, ao revê-la no decorrer do projeto, adotar uma nova, evitando as oscilações que podem induzir a erros de processo e análise.

Planejamento e prática social

Como vimos no primeiro capítulo, a ação social por meio de projetos tem um conjunto de vantagens, pois possibilita implementar ações com foco em uma realidade específica, em atenção a objetivos concretos e com passos metodológicos claros e precisos. Lück (2003) denomina esse processo de *planejamento-ação*, o qual viabiliza um trabalho de gestão eficaz, orientado para a análise sistemática de situações e problemas vinculada à tomada de decisões para resolvê-los e se sustenta na prática da associação entre conceitos e procedimentos, realizada de forma reflexiva, intensiva e consciente.

Essa prática social sistemática, com método de análise, determinação das ações focadas em resultados partindo de objetivos claramente definidos e com monitoramento sistemático pode, de acordo com Lück (2003, p. 11), "determinar a substituição de antigas práticas condicionadas pelo ímpeto, pela acomodação ou, ainda, pelo bom senso e boas intenções, por ações com visão estratégica e empreendedora".

Isso representa superar as ações imediatistas e pontuais, além de adotar ações mais racionais e prospectivas, pensadas em médio ou longo prazo e desenvolvidas em processos de ações concretas e concatenadas. O esvaziamento das ações e o esmorecimento de projetos se dão, muitas vezes, pelo improviso ou tarefismo (quando a vida é orientada somente pela realização de tarefas) de suas lideranças, técnicos e participantes. Por isso, o planejamento é a base da organização racional e é focado em resultados. Esse é um processo dinâmico e complexo que envolve as dimensões técnicas (forma) e as mais conceituais e políticas (fundo), de maneira metodologicamente articulada, conforme postula Lück (2003).

Contudo, há muita resistência ao planejamento nas organizações, pois se minimiza sua importância por uma infinidade de razões, como: o ATIVISMO, com a sobrevalorização da prática independentemente do foco e dos resultados; o IMPROVISO, com as operações e realizações sem preocupação com a preparação das condições, das estruturas e das relações; e a ROTINA, com suas práticas enraizadas no tarefismo impensado. Essas e outras resistências estão ligadas aos traços socioculturais dos indivíduos e à cultura das organizações. Entretanto, os processos de planejamento com leitura linear e planos basicamente formais contribuem e reforçam a resistência. Por isso, além de motivar para o planejamento, é preciso torná-lo um processo enraizado na rotina e prática operacional. De acordo com Lück (2003, p. 13),

Planejar corresponde a vislumbrar uma situação futura melhor, a dispor-se a construir essa realidade e, efetivamente, fazê-lo. Representa materializar uma vontade de transformação da realidade, ou implantação de uma inovação, mediante objetividade e direcionamento claro de ações, tendo os pés no presente e o olhar no futuro.

O planejamento precisa ser um processo dinâmico que cria e articula as condições para um desempenho inteligente e criativo de indivíduos, organizações e redes em novos estágios de desenvolvimento e desempenho, maximizando os recursos disponíveis. Para que isso ocorra, o planejamento deve se tornar um processo de retroalimentação constante e, por isso, mais do que um procedimento formal, um processo mental e social que envolve e mobiliza os atores para a criação e a ação, visando a resultados concretos e positivos. Nesse sentido, é fundamental que as pessoas envolvidas conheçam a organização e o processo de planejamento e de gestão, para que estes se desburocratizem e sejam enraizados efetivamente na prática cotidiana. Essa é a forma de criar uma nova cultura e uma nova consciência.

Planejamento e projetos sociais

Como vimos no primeiro capítulo, é importante que os projetos sociais sejam orientados por planejamentos estratégicos das organizações e redes públicas ou privadas, para aglutiná-los em políticas e programas mais amplos. Isso maximiza os recursos e potencializa os resultados dos projetos.

A elaboração de um projeto social é um processo de mobilização e promoção de sinergias. Dessa forma, é possível manter uma ação organizada e obter a estruturação documental relacionada à definição do compromisso de ação e relação entre os atores. Como tal, o projeto, uma vez formatado, é um documento e um ideário a ser seguido.

Assim como o planejamento estratégico, a elaboração dos projetos não pode se tornar um procedimento estanque ou dissociado da ação e da vida organizativa das entidades. Ela pressupõe momentos específicos, que são anteriores à organização das estruturas e condições para implementá-los. No entanto, não podem se traduzir em momentos dissociados como se fossem realidades independentes, pois é importante sempre lembrarmos que esse processo de elaboração (e reelaboração) acompanha as diversas fases de implementação do projeto e, posteriormente, a fase de avaliação e sistematização. Isso pode ser traduzido como uma sistemática de administração estratégica de empreendimento, de organizações e de projetos sociais.

A elaboração de projetos caracteriza-se por ser uma sistematização construtiva do entendimento sobre uma realidade específica e por estar associada à construção de compromissos para transformar, inovar ou desenvolver ações que interfiram positivamente em tal realidade, além de prever as estruturas e condições para efetivar as ações traçadas. Isso se traduz em um processo aberto e flexível, que possa ser continuamente desdobrado e articulado à luz de novas informações e da própria mudança da realidade que se propõe transformar. Essa é, segundo Lück (2003, p. 28), "uma das razões pela qual o que orienta a elaboração de projetos é o espírito científico, sempre aberto e questionador das pessoas envolvidas e não, simplesmente, esquemas formais de sua elaboração".

Essa sistemática de elaboração, implementação, avaliação, sistematização e reelaboração pode constituir-se em um abrangente e permanente processo de sinergia, acúmulo e canalização de inteligências formuladoras e esforços para viabilizar as estruturas e condições necessárias para produzir os resultados desejados.

Entretanto, muitos projetos já começam falhos ao estabelecerem objetivos e metas sem mensurar claramente as condições necessárias para implementá-los, fazendo com que não passem de sonhos. Esses casos costumam contribuir, por um lado, para reforçar a prática e a cultura do desperdício, uma vez que são realizados trabalhos e despendidos recursos e energia e, por outro, para a sensação de fracasso permanente, desestimulando a participação e a criação em outras oportunidades. O impacto sociocultural de fracassos organizativos tende a ser maior em comunidades e setores sociais com baixa autoestima coletiva, e sua reversão tende a ser difícil. Por isso, podemos dizer, apoiando-nos no clássico livro *O Pequeno Príncipe*, de Saint-Exupéry (1974, p. 38), que as pessoas são eternamente responsáveis por quem e pelo que cativam. Em se tratando de empobrecidos sociocultural e economicamente, acentua-se essa responsabilidade.

O sucesso ou fracasso de um projeto não depende de um único fator, mas de seu conjunto e, principalmente, da capacidade de entender e respeitar a sistemática dos processos sociais. Estes precisam da pauta e do fomento da inovação para que construam as realidades desejadas e, concomitantemente, o entendimento que essa inovação exige, a qual deverá ser compatível com o tamanho e a velocidade das condições objetivas e subjetivas da realidade. Essa postura pedagógica e estimuladora de assessores e lideranças é central para o sucesso dos empreendimentos sociais. É a capacidade necessária e desejada dos profissionais das ciências sociais na atualidade. É interessante relermos e aprofundarmos as lições dos mestres das ciências sociais e das ciências pedagógicas para orientarmos e fundamentarmos nossas concepções e posturas metodológicas.

Alguns cuidados na elaboração de projetos

Os assessores e as lideranças gestoras responsáveis pela coordenação do processo de planejamento, pela elaboração e pela gestão dos projetos devem ter atenção especial para evitar as incoerências e falhas que podem comprometer os processos e os projetos. Entre elas, apresentamos algumas a seguir, inspirados em Lück (2003).

A programação irrealista e sonhadora não deve ser confundida com ousadia. Esta é necessária, principalmente, na busca da inovação e da transformação das realidades organizacionais e sociais. Entretanto, os projetos requerem uma forte dose de realismo para se manterem os objetivos e as metas dentro das possibilidades reais de viabilização.

A visão limitada e tendenciosa da realidade faz ver o que se deseja, e não o que realmente existe e está acontecendo. A base de dados primários e secundários disponíveis e as informações construídas devem viabilizar uma análise profunda da realidade sobre a qual se pretende atuar. Essa análise deve ter bases científicas e reais, com capacidade de leituras prospectivas das tendências reais, independentemente das vontades e dos desejos de quem a realiza.

A previsão de estrutura e orçamento irreais, quando exagerada, pode inviabilizar o projeto por causa da negação das fontes de financiamento ou, então, levar ao desperdício e ao mau uso dos recursos, comprometendo a idoneidade. Quando a previsão é insuficiente, inviabiliza o desenvolvimento do projeto nas suas diversas etapas e ações, frustrando seus atores e beneficiados e perdendo a credibilidade.

O estabelecimento de objetivos e de metas inadequados para a realidade ou para a finalidade da organização ou do projeto pode ocorrer de diversas formas. Entre os erros mais comuns, estão: (1) a definição de objetivos e metas incompatíveis com a realidade, normalmente abrangentes demais; (2) a definição de objetivos e metas muito abertos, genéricos e imprecisos, impedindo sua mensuração; (3) a definição de objetivos inconciliáveis com a finalidade organizativa dos empreendimentos sociais; e (4) a definição de metas não sintonizadas ou em descompasso com os objetivos.

Além desses erros, apresentamos a seguir outras possíveis causas de falhas na execução do projeto:

- a adoção de processos metodológicos que desconsiderem ou afrontem a cultura social e organizacional vigente ou que estabeleçam relações unilaterais e autoritárias nas leituras e nos processos decisórios;
- a falta de relação articuladora entre os meios utilizados e os fins desejados, ou entre os resultados pretendidos e a metodologia empregada para alcançá-los;
- a falta de definição de resultados específicos e de sua associação a pessoas responsáveis por sua efetivação em período determinado de tempo;
- o desvio constante de atenção do que é central e essencial no projeto – como em todo processo de administração, é necessário estabelecer a hierarquização ou priorização de tratamento.

Como já mencionamos, não é possível estabelecer uma hierarquia qualificadora entre os fatores a serem examinados, pois o sucesso ou fracasso do empreendimento depende da combinação destes e pode estar associado detalhes e em ações simples e menores. Entretanto, os principais centros geradores de bom desempenho estão em conjugar a clareza e o foco dos projetos com a maximização do protagonismo e da participação dos atores envolvidos.

A participação, ao contrário do que se poderia pensar, pode contribuir para a manutenção do foco, desde que os processos levem à conscientização e à clareza desde o início. A oportunidade e o estímulo ao protagonismo, oferecidos aos implementadores do projeto para que se envolvam na sua elaboração desde a análise da realidade, o levantamento de alternativas de ação, a identificação de prioridades até a tomada de decisões e as avaliações sistemáticas, podem criar sinergia, motivação e compromisso com o foco estabelecido. A participação propicia a reflexão sobre o engajamento, o trabalho e seus respectivos contextos. Isso possibilita, com base na compreensão superficial e imediata da realidade, buscar a superação do senso comum e de suas ideias preestabelecidas e visualizar desafios e oportunidades, procurando soluções criativas que estabeleçam sinergias e reforcem talentos. Esse processo conduz à descoberta de novos e mais amplos horizontes para as pessoas e suas organizações sociais e orienta-as em direção a essas novas perspectivas. Assim, viabiliza-se uma sistemática de criação de novas consciências e de novas práticas sociais, forjadas no engajamento e no protagonismo coletivo.

(4.2) Fases da elaboração de projetos sociais

Os projetos sociais não se iniciam com sua elaboração nem terminam com o encerramento das ações previstas por eles. Os caminhos e as etapas dos projetos nem sempre são iguais. Eles podem ser os mais diversos, dependendo das situações motivacionais, das condições de desenvolvimento e dos atores envolvidos. Quando um projeto é motivado por um edital de uma entidade ou instituição pública ou privada, tende a fazer um caminho bem diferente daquele que é gerado dentro de uma organização da sociedade civil como resposta a um problema social específico, que, por sua vez, é diferente de um projeto de um indivíduo ou de uma família que pretende contribuir para minimizar ou alterar uma realidade específica.

Os projetos que concorrem a editais públicos seguem caminhos e roteiros definidos pelas entidades ou instituições financiadoras. Elas costumam apresentar os roteiros para a elaboração destes e os principais passos administrativos que devem ser seguidos na implementação das ações e na prestação de contas dos recursos. O método de avaliação e de aferimento dos resultados atingidos também pode estar no edital ou ser fornecido diretamente ou por entidades habilitadas. A autonomia de quem se habilita a executar o projeto é restrita, o que não diminui seu mérito protagonista, até porque ela contribui para acumular condições para formular e executar outros com maior possibilidade de iniciativa, se assim se desejar.

Contudo, os projetos advindos de iniciativas da auto-organização espontânea da sociedade são os mais desafiadores e abrangentes quanto aos processos e à aprendizagem que envolvem, porque requerem o protagonismo autogestor do início ao fim. A seguir, vamos examinar os passos mais comumente observados em projetos dessa natureza.

Primeiro passo: identificação de realidades-problema

Os projetos sociais dificilmente vêm da ideia iluminada de alguém que não esteja em contato com uma realidade específica. Assim como muitas das nossas percepções da realidade têm origem na relação e na reflexão, isso também acontece com os projetos sociais. Eles são inspirados em situações motivadoras particulares ou coletivas que despertam para a necessidade e a possibilidade de ações e empreendimentos sociais. Segundo Iasi (2006), muitas situações geram indignação e revolta como primeira fase de consciência da realidade, fazendo com que os indivíduos se movam por impulsos. O que faz com que a indignação se torne reação é o encontro com outros indignados, evidenciando que aquela situação não é particular, mas um componente de uma realidade maior.

O que resulta das percepções de realidade, num primeiro momento, são ideias ou a vontade de fazer algo, que, quando distanciadas da realidade ou do coletivo que as despertou, podem se perder na rotina da vida. Entretanto, quando traduzidas em possibilidade e em capacidade de ação, essas ideias tornam-se REALIDADES-PROBLEMA (ou realidades problematizadas, como veremos no Capítulo 6), sobre as quais se pode agir por meio de planos de ação e projetos sociais.

A dinâmica social e o senso comum criam permanentes motivações para a aceitação da realidade, por mais injusta que seja. As noções e as afirmações sobre realidades indignantes que expressam a conformidade podem ser ouvidas constantemente, a exemplo de colocações comuns como "sempre foi assim", "a vida é cruel", "as coisas são assim mesmo", e tantas outras. Também são frequentes enunciações de indignação em que não se pode perceber o sujeito da reação ("alguém tem que fazer alguma coisa"; "será que ninguém faz nada?"; "cadê as autoridades?"), esperando-se que alguém faça algo. Essa consciência alienada é reforçada pelas relações políticas paternalistas e de intermediação, que tentam convencer as comunidades de que elas nada podem ou de que é difícil demais fazer e, por isso, é preciso ter "poderes especiais" (relações) para tal.

Dessa forma, se a ideia de fazer algo sobrevive aos testes da realidade, começa-se a delinear a ação social que pode se concretizar por meio da metodologia de projetos, de uma organização, de um grupo de pessoas, de uma família ou até mesmo de uma pessoa.

Segundo passo: elaboração da proposta

A fase de planejamento e de elaboração de um projeto é de extrema importância, uma vez que é determinante do que vai acontecer. Nessa etapa, são estabelecidos o problema sobre o qual se vai agir, os objetivos a serem alcançados, os indicadores de resultados e metas e como serão mensurados, a metodologia sob a qual se determinam as condições e os procedimentos necessários para viabilizar o projeto, entre outras definições.

Antes de estabelecer todos esses passos, é fundamental qualificar a leitura da realidade por meio de um diagnóstico. Este deve caracterizar clara e consistentemente os contextos social, econômico, cultural e político em que se pretende desenvolver a ação social, bem como mapear os fatores favoráveis (parceiros, patrocínio etc.) e desfavoráveis (escassez de recursos, entraves etc.) que possam interferir na viabilidade do projeto. Outro aspecto central nesse processo é identificar como os atores envolvidos no projeto percebem a realidade e nela se posicionam, elemento fundamental na gestão de seu desempenho qualitativo. Um dos métodos para abordagem dessa questão é realizar um diagnóstico da realidade, com base na metodologia que será descrita no Capítulo 5. Nele, veremos formas de elaborar diagnósticos com a participação das comunidades envolvidas.

Os roteiros de elaboração e apresentação de projetos não são rígidos, como veremos adiante. O mais importante é que nessa fase fiquem claros para os executores e a população beneficiada, se for o caso: (1) a leitura da realidade; (2) o recorte do problema; (3) os objetivos e metas a serem atingidos; (4) a metodologia e os recursos que serão usados; (5) o modelo e as formas de decisão e gestão do projeto; e (6) a metodologia de avaliação e aferimento dos resultados. É fundamental que os elaboradores zelem por fazer as adequadas inter-relações entre os diversos elementos do projeto, para que componham um todo coerentemente integrado.

Os diversos passos do ciclo de vida dos projetos podem ser vistos na ilustração a seguir e serão tratados em capítulos específicos.

Figura 4.1 – Ciclo de vida de um projeto

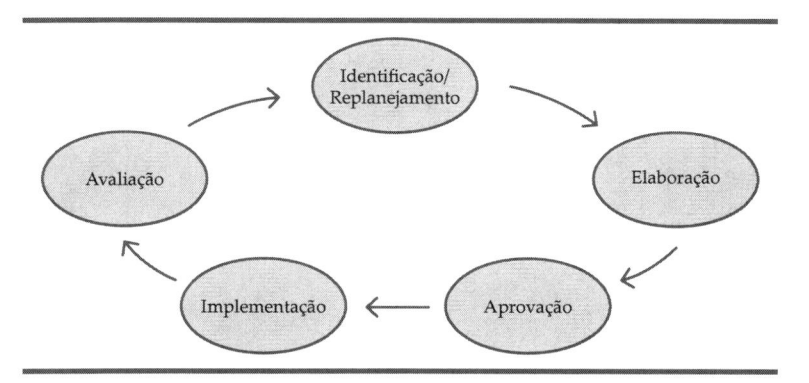

```
        Identificação/
        Replanejamento
   ↗                    ↘
Avaliação              Elaboração
   ↖                    ↙
     Implementação ← Aprovação
```

(4.3) Itens básicos dos projetos sociais

Conforme vimos anteriormente, não há estruturas ou roteiros fechados para a elaboração e a apresentação de projetos sociais. Cada edital especifica os elementos e as informações necessárias para dar solução a determinado problema. Quando não são apresentados editais, é possível usar a criatividade na formulação, desde que se apresentem claramente as informações centrais. Para Carvalho, Müller e

Stephanou (2003, p. 43), os roteiros de projetos são como "esqueletos" compostos por itens que, ao serem preenchidos com o conteúdo correspondente, acabam transformando ideias e desejos em propostas de trabalho. Para os autores, os bons projetos devem conseguir responder a seis questões centrais de identificação e qualificação: Quem? O quê? Por quê? Como? Onde? Quanto? Os referidos autores caracterizam de forma objetiva essas perguntas do seguinte modo:

> Quem *identifica o proponente do projeto.* O que *consiste em definir objetivos e ações.* Por que *mobilizará a organização que elabora uma proposta para justificar aquele trabalho.* Como *se refere à metodologia.* Quando *e* Onde *dizem respeito ao tempo e ao espaço em que se desenvolverá o projeto.* Quanto, *por sua vez, tem relação com os recursos necessários para sua execução.* (Carvalho; Müller; Stephanou, 2003, p. 43, grifo nosso)

A forma de apresentação dos diversos itens e dados pode seguir um modelo de roteiro distinto desde que a lógica contida permita a resposta objetiva às questões elencadas e sua leitura torne-se agradável e esclarecedora aos analisadores. A redação apropriada, conforme vimos no Capítulo 3, pode viabilizar uma compreensão do processo desejado e da credibilidade pretendida. Ela será, possivelmente, a única forma de comunicação entre os atores proponentes e o patrocinador ou órgão financiador. Daí a relevância da redação e da apresentação estética da proposta.

Contudo, é fundamental saber que os analistas das propostas são, via de regra, qualificados e experientes e sabem diferenciar truques de linguagem de projetos que têm viabilidade e compromisso com a realidade. Ainda, habitualmente, os analistas pesquisam os atores por meio de suas redes de informações. Dessa forma, além de um projeto, é necessário ter a credibilidade das comunidades, organizações e instituições. O bom e integral desempenho na execução de projetos valida novos projetos e dá credibilidade a eles. O mau desempenho e, principalmente, a falta de lisura e transparência geram uma espécie de entrada no "Serviço de Proteção ao Crédito" ou "Cadastro de Emitente de Cheque sem Fundo" para entidades e pessoas.

A seguir, mostramos um possível roteiro de apresentação, na Figura 4.2, a qual dispõe os itens básicos que devem compor um projeto, não necessariamente nesta ordem de apresentação, mas sim de elaboração.

Figura 4.2 – Itens de um projeto

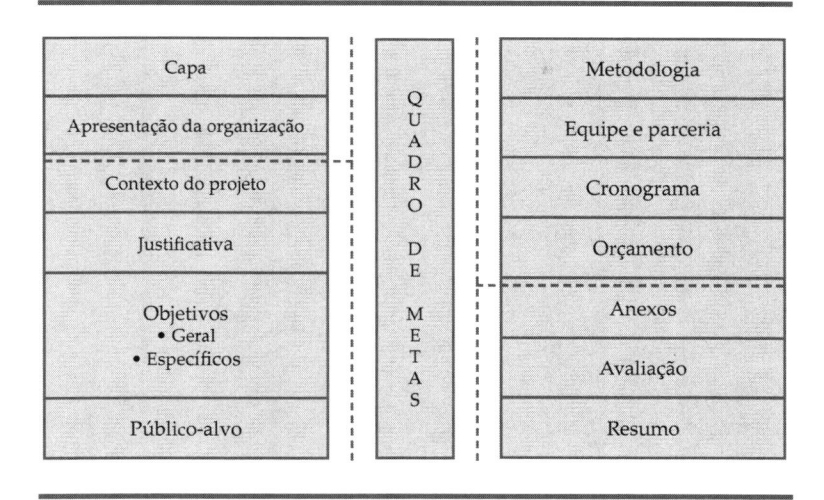

Capa		Metodologia
Apresentação da organização	Q U A D R O	Equipe e parceria
Contexto do projeto		Cronograma
Justificativa	D E	Orçamento
Objetivos • Geral • Específicos	M E T A S	Anexos
		Avaliação
Público-alvo		Resumo

FONTE: CARVALHO; MÜLLER; STEPHANOU, 2003, P. 44.

Outro roteiro de projetos diversos (sociais, institucionais ou empresariais) foi apresentado por Lück (2003, p. 92), contendo os seguintes elementos em ordem de apresentação:

- identificação do projeto;
- descrição da situação-problema;
- proposição de objetivos;
- definição de metas;
- delineamento de método, estratégias e procedimentos;
- especificação de cronograma;
- identificação de estruturas, recursos e custos; e
- proposição de monitoramento e avaliação.

Além dos dois roteiros apresentados, existem vários outros, e a opção por qualquer um deles deve ocorrer de acordo com a maior afinidade do método à realidade do projeto. Lembramos que é possível criar novos roteiros, incluindo elementos distintos. Contudo, não é recomendável mesclar métodos, de modo a evitar erros conceituais e apresentações de elementos desviados de sentido, minimizados, ausentes, sobrepostos ou maximizados.

Os métodos de apresentação têm a finalidade de possibilitar a mostra equilibrada das partes numa harmonia compreensiva do todo. É a leitura compreensiva do todo que valoriza e viabiliza o projeto. O equilíbrio está expresso também na abrangência da análise para a indicação do problema, dos objetivos, da metodologia, da estrutura, dos recursos necessários e das metas esperadas. Ou seja, não se pode esperar que a análise de uma realidade específica consiga ancorar um objetivo abrangente ou, ainda, que uma metodologia específica dê conta de objetivos e metas abrangentes. A mesma coerência metodológica adotada em projetos de pesquisa científica deve ser respeitada para os projetos sociais. Nos capítulos seguintes, apresentaremos mais detalhes sobre os passos para a elaboração de um projeto. Acreditamos que, com o apoio de leituras complementares e exercícios, o enfoque conceitual e metodológico dos projetos ficará mais claro.

Atividade

1. Assinale V para as afirmações verdadeiras e F para as falsas:

    ( ) Na elaboração de um projeto social, diferentemente do que se observa nas pesquisas acadêmicas, é fundamental manter a coerência metodológica.

    ( ) É fundamental em um projeto social indicar claramente os objetivos porque eles indicam as metas a serem atingidas.

    ( ) O recorte problemático ou situação-problema é sempre feito na avaliação do desempenho alcançado, servindo como luz para outros projetos.

    ( ) O planejamento estratégico teve significativa inovação a partir da década de 1980 com a adoção da administração estratégica, motivada pelas rápidas transformações no ambiente produtivo e nas relações organizacionais.

(**5**)

Diagnóstico da realidade

Pedro Roque Giehl
Darlene Arlete Webler

Neste capítulo, estudaremos os fundamentos da elaboração de um diagnóstico de realidades territoriais e setoriais específicas e o modo de fazê-lo. Conhecer a realidade é fundamental para projetar e desenvolver uma ação social efetiva. É o ponto de partida dos planejamentos estratégicos e dos estudos de necessidade e viabilidade dos projetos sociais. O diagnóstico, além de caracterizar a realidade socioambiental da atuação social, deve revelar como os diversos atores envolvidos se percebem nesta. É, portanto, um estudo que não deve ser construído com base em dados e leituras à parte dos atores envolvidos no processo social, mas com o envolvimento dos sujeitos a serem atingidos pelo projeto social. Os dados da realidade podem ser enriquecidos com um efetivo processo de participação, revelando também a autopercepção e identificação dos atores envolvidos.

Com este capítulo, iniciamos o estudo diretamente aplicado da área, por isso, além dos fundamentos, apresentamos ferramentas e orientações concretas para trabalhos de campo.

(5.1) Pressupostos metodológicos para elaboração de diagnósticos da realidade

O processo de formação das bases de informação envolve não apenas fatos, mas também opiniões, sentimentos, percepções, visões e consciência de mundo, uma vez que este é construído com base nesses e em outros aspectos. Entretanto, no processo de diagnóstico, as opiniões devem ser identificadas, analisadas e compreendidas como tais, e não simplesmente adotadas como orientações nos projetos.

Outro aspecto que consideramos importante ressaltar são os limites da capacidade de captar a realidade. Nem sempre podemos constituir um quadro preciso e objetivo dos fatos, pois algumas características podem passar despercebidas pela nossa capacidade de aferimento. Isso faz com que toda análise da realidade seja sempre limitada e, por isso, deva ser compreendida como tal. No entanto, devemos nos esforçar sempre para diminuir ao máximo as incompletudes e imprecisões. Para isso, Ianni, citado por Giehl (2002, p. 76), salienta que a análise interdisciplinar e a triangulação metodológica, com uso de métodos quantitativos e a análise qualitativa, são preciosas e enriquecedoras.

Apresentamos, portanto, um dos primeiros e principais desafios na concepção, na formulação e no desenvolvimento de projetos: compreender a realidade e suas tendências. Quanto mais limitada e fechada for a leitura da realidade, mais difícil será essa tarefa.

Dessa forma, se uma leitura for realizada na ótica de uma ou duas disciplinas, certamente haverá distorções e poucas informações sobre a realidade, pois muitas informações fogem a leituras e análises setorializadas. Portanto, só existe uma maneira de equacionar essas carências: desenvolver, ao máximo, uma visão holística sobre a realidade. Em decorrência disso, faz-se necessária a formação de equipes multidisciplinares ou o desenvolvimento da capacidade profissional de análise multidisciplinar para captar dados e informações das mais diferentes fontes e cruzá-los triangularmente durante o processo de análise.

Ao partirmos dessa concepção multidisciplinar, a porção relativa às diversas "partes dos saberes" que formam a leitura mais completa da realidade começa a ser bem encaminhada, restando, no entanto, a questão sobre qual o método mais apropriado para agregar de modo racional as diferentes contribuições.

Esse método passa por formas dialógicas e enfoques sistêmicos de leitura. Devemos considerar sempre as diversas contribuições e dialogar respeitosamente com os distintos conceitos, adotando aquelas manifestações que expressam melhor a leitura coletiva da realidade.

O enfoque sistêmico como método de pesquisa e análise em projetos sociais

O enfoque sistêmico possibilita visualizar a inter-relação e o processo de desenvolvimento de cada sistema, que pode ser um estabelecimento agrícola, uma organização, um território ou uma comunidade urbana.

De acordo com Mazoyer (1993), nessa teoria, para analisar e explicitar um objeto complexo, é preciso, primeiramente, delimitá-lo e distingui-lo. Isso significa traçar uma fronteira entre esse objeto e o resto do mundo. Embora esses dois elementos sejam da mesma natureza, são diferentes o bastante para serem considerados como pertencentes a outra espécie do mesmo objeto. Isso representa, em suma, proceder à sua classificação nas diferenças e nas semelhanças segundo elementos econômicos, geográficos, históricos, sociais, culturais, entre outros.

Para a teoria sistêmica, analisar e explicitar um objeto remete também ao estudo da sua dinâmica de evolução ao longo do tempo e nas relações que tal sistema estabelece com o resto do mundo, nos seus distintos estágios de evolução. O referido autor destaca que, para estudar a evolução no tempo das várias formas, é necessário classificá-las em etapas e espécies, ou seja, em sistemas.

Ainda de acordo com Mazoyer (1993), o enfoque sistêmico recebeu influências de distintas correntes teóricas, como a classificação das espécies dos seres vivos de Linné, a teoria da evolução de Darwin e a teoria da pedogênesis e da diferenciação de Dokoutchaev e Duchaufour.

Nesse sentido, considerar o funcionamento de um objeto como um todo é pensá-lo como uma combinação de funções complementares entre si, que asseguram a circulação interna de todos os fluxos (de matéria, energia, valor etc.). No caso de um sistema aberto, é imaginá-lo como um conjunto de componentes que interagem com a exterioridade.

Como exemplo de enfoque sistêmico, podemos citar o conceito de sistema agrário, cuja noção, muitas vezes, deriva para sentidos distintos e/ou plurais quando usada por diferentes profissionais e pesquisadores. Esse termo designa a ferramenta de reflexão que serve como âncora para apreender, analisar, ordenar, classificar, compreender e explicitar a realidade complexa das múltiplas formas evolutivas da agricultura.

A interpretação e a análise sistêmicas baseiam-se na aquisição progressiva de conhecimento, partindo do geral para o particular. Assim, o estudo começa com as relações que o objeto investigado tem com o mundo, com o país onde está localizado, até chegar a níveis mais específicos (territórios, comunidades, organizações, unidades familiares rurais ou urbanas).

Por fim, podemos observar ainda que, na análise sistêmica, não se busca situar o objeto de estudo apenas no espaço, mas também no tempo, bem como conhecer a relação do objeto de estudo com seu passado, seu presente e suas tendências futuras. Com base no passado, podemos compreender melhor as relações e interações ambientais, culturais, sociais e econômicas presentes nos sistemas da atualidade, que, por sua vez, condicionam o futuro.

(5.2) O diagnóstico em projetos sociais

Uma vez munidos de uma forma de abordagem, a análise sistêmica e multidisciplinar, podemos compreender a área de estudo em questão mediante a elaboração de um diagnóstico dela. Mas em que consiste concretamente um diagnóstico?

Para um médico, por exemplo, que necessita saber qual é a doença de determinado paciente para poder receitar um tratamento adequado, essa pergunta parece óbvia, visto que isso faz parte de sua rotina de trabalho. No processo investigativo referente à saúde (ou à debilidade desta), um diagnóstico serve como uma "fotografia" da realidade de um órgão (fígado, coração, pulmão etc.) ou de um sistema (circulatório, respiratório, neurológico etc.), com base em diversos exames físicos, laboratoriais e radiológicos, análise do histórico psicossocial do paciente e outros.

Relativamente à análise de sistemas sociais, não se trata, de modo geral, de uma tarefa aparentemente tão óbvia, evidente e natural, embora devesse ser. Ao analista social, a investigação de uma comunidade ou de um território (sistema social) muitas vezes ainda causa estranheza, mas é fundamental para a resolução de gargalos socioprodutivos e culturais como forma de alicerçar seus processos de desenvolvimento. Nesse sentido, para a elaboração de um diagnóstico, é necessário considerar alguns pressupostos que apresentamos a seguir.

A primeira tarefa, ao se iniciar um diagnóstico, é buscar saber o que realmente se quer, ou seja, definir os objetivos do trabalho. Com base nestes, deve-se estabelecer claramente o objeto de estudo e de análise, bem como sua abrangência. Isso conduz ao universo social e geográfico com o qual se deseja trabalhar. É possível determinar áreas ou grupos prioritários, como recicladores de uma comunidade, agricultores de dado espaço rural, crianças vítimas de violência doméstica, jovens drogaditos, grupos sociais vítimas de maus-tratos ou pessoas idosas vítimas de extorsão. É necessário responder a perguntas como: Que aspectos da realidade se deseja enfocar? Qual é a delimitação da área de estudo: uma grande região, uma pequena região, um município, um distrito, uma comunidade ou um ecossistema?

Essas definições dependem da complexidade da realidade estudada e do foco que se deseja utilizar para o estabelecimento das estratégias e dos projetos. A estrutura e a base operacional devem considerar a área de abrangência, o tempo disponível, o tamanho da equipe, e não seu inverso, como, infelizmente, ocorre quando se dispõe de pouco tempo, estrutura e equipe reduzidas ou se opta pela diminuição dos objetivos e da complexidade da pesquisa.

Por fim, salientamos que, para definir claramente o objeto, os objetivos e a abrangência de estudo, é necessário um conhecimento prévio, pois o método de enfoque sistêmico desenvolve-se em etapas sucessivas, iniciando pela obtenção de informações básicas a respeito da área de estudo para, com a execução, produzir informações mais profundas, do geral para o específico.

Métodos de diagnóstico

Existem muitos métodos de realização de diagnósticos para a obtenção de informações sobre a realidade. Quando se trata de um objeto mais amplo de estudo, muitas vezes os dados secundários são suficientes, porque se deseja apenas uma identificação que diferencie uma realidade de outras igualmente abrangentes. Por exemplo, se uma organização não governamental (ONG) quer elaborar um projeto para desenvolver atividades de qualificação técnico-profissional numa região metropolitana, é possível que todos os dados indicadores estejam disponíveis nos levantamentos das organizações oficiais dos governos federal e estadual. Caso seja necessário obter alguma informação mais específica, por exemplo, sobre as profissões com alta empregabilidade no momento, também se pode consultar as fontes secundárias dos órgãos oficiais e das organizações sindicais (patronal e de trabalhadores) e suas assessorias. Isso também acontece se uma prefeitura deseja desenvolver um projeto de prevenção à mortalidade infantil ou de combate a alguma epidemia. As informações quantitativas básicas estão disponíveis nos hospitais e em órgãos de saúde, bastando analisá-las com clareza e perspectiva proativa.

Entretanto, quando se busca direcionar mais as ações ou é preciso entender melhor determinadas realidades específicas, torna-se necessário complementar as informações com dados quantitativos ou qualitativos. Estes, por sua vez, podem ser obtidos em pesquisas por amostragem ou na totalidade da população, ou ainda por consulta aos observatórios e institutos dedicados a elas, como o Instituto

Brasileiro de Geografia e Estatística (IBGE) e fundações de pesquisa como a Fundação de Economia e Estatística (FEE) no Rio Grande do Sul, o Instituto de Pesquisa Econômica Aplicada (Ipea) e o Instituto Nacional de Estudos e Pesquisas Educacionais Anísio Teixeira (Inep). Por motivos operacionais, os estudos com a abrangência da totalidade só são desenvolvidos com populações muito restritas, pois as ciências permitem desenvolver pesquisas seguras com amostras populacionais. A estratificação das amostras ocorre por meio da representação da diversidade social presente numa totalidade em um grupo restrito. Para isso, é necessário seguir critérios científicos para estratificar a população, elaborar corretamente as questões, desenvolver o estudo e realizar a interpretação e análise dos dados coletados.

Em projetos específicos de territórios, comunidades ou setores sociais, em que são necessárias informações mais exclusivas, deve-se desenvolver pesquisas dirigidas, com métodos que possibilitam captar a realidade e, se for o caso, a maneira como as pessoas se percebem nesse contexto. Uma das formas metodológicas mais usadas pelos profissionais das diversas áreas das ciências sociais, humanas, econômicas e agrárias é o diagnóstico rápido participativo, que permite conjugar estudo, mobilização, planejamento e comprometimento sociocomunitário. É isso o que vamos ver a seguir.

Diagnóstico rápido participativo (DRP)

Essa forma de diagnóstico possibilita uma intervenção de curto tempo de trabalho em campo, visto que as técnicas e ferramentas participativas proporcionam o aporte de informações de estudo suficientes para se alcançarem os objetivos a que se propõem os projetos e/ou planos de ação.

Originalmente, esse tipo de diagnóstico foi desenvolvido para se compreenderem as comunidades rurais, quando era chamado de *diagnóstico rural participativo* (DRP). No entanto, a plasticidade e a adaptabilidade das técnicas e ferramentas permitiram que fossem aplicadas em comunidades urbanas e setores socioterritoriais específicos.

O DRP – atual Diagnóstico Rápido Participativo – consiste em um instrumental de técnicas e ferramentas que possibilitam às comunidades construir com a equipe técnica o próprio diagnóstico. Como ressalta Verdejo (2006, p. 6), o DRP desenvolve processos de pesquisa com base nas condições e possibilidades dos participantes, "fundamentando-se nos seus próprios conceitos e critérios de explicação". Em vez de confrontar as pessoas com uma lista de perguntas previamente formuladas, os participantes analisam a própria situação e valorizam diferentes opções para melhorá-la. A intervenção da equipe que intermedeia o DRP é mínima, restringindo-se a desenvolver as ferramentas. Com isso, ele não só permite que se agreguem participantes, mas também que eles iniciem um processo de reflexão sobre os próprios problemas e possibilidades para solucioná-los.

O DRP propicia agilidade na coleta dos dados e no processo de elaboração dos estudos, porém permite somente o trabalho em comunidades ou grupos definidos clara e restritamente. Portanto, diagnósticos em territórios grandes ou setores sociais muito complexos requerem divisão para a aplicação de vários DRPs bem definidos ou a adoção de estudos complementares com outros métodos.

Outra questão central é a criação de vínculo de pertença e confiança da assessoria com a comunidade para a construção conjunta da pesquisa, proporcionando um índice alto de confiabilidade das informações. Para isso, é necessário seguir os princípios básicos apresentados por Robert Chambers e Irene Guijt, citados por Verdejo (2006, p. 12-14):

- Classificação do público e informações por realidades específicas (localização, gênero, etnia, idade, profissionais etc.);
- Dinâmica de aprendizagem rápida e progressiva, flexível, exploratória, interativa e criativa;
- Inversão de papéis com os membros da comunidade, aprendendo deles, com eles e para eles, averiguando e utilizando seus critérios e suas categorias, localizando, compreendendo e valorizando os conhecimentos da população local;

- Ignorância intencional e imprecisão apropriada – não investigar mais do que o necessário e não medir quando comparar é suficiente; somos formados para realizar medidas absolutas, no entanto o que se quer é identificar as tendências, qualificar e priorizar;
- Triangulação, ou seja, utilizar diferentes métodos, fontes, disciplinas e uma gama de informações de vários lugares;
- Realização da verificação cruzada para conferir a verdade mediante aproximações sucessivas;
- Aprendizagem direta com os investigadores e informadores principais, cuidando para que sejam expressivos das concepções da população;
- Buscar a diversidade e as diferenças nas manifestações de forma sutil – as comunidades se constrangem em divergir frontalmente, por isso é preciso ter habilidade em fazer aflorar as ideias divergentes.

Tendo como referência esse grupo de princípios, Verdejo (2006, p. 10) também indica sete passos como referência prática na elaboração do DRP:

1. Estabelecer claramente os objetivos a serem alcançados no diagnóstico;
2. Selecionar e preparar a equipe mediadora, tendo o cuidado de, na medida do possível, compor equipes interdisciplinares;
3. Identificar e mobilizar os participantes, tomando o cuidado para que sejam representantes e expressivos dos diversos segmentos da população do território, comunidade ou setor social (mulheres, homens, jovens, terceira idade, profissões, etnias) – deve-se ter claro o recorte espacial e social do estudo;
4. Identificar as expectativas dos participantes no DRP;
5. Discutir as necessidades da informação e sensibilizar para a participação efetiva;
6. Selecionar as ferramentas de diagnóstico – devem-se adotar sempre aquelas com maior identidade da população, bem como as que a equipe se sinta mais à vontade para desenvolver;
7. Desenvolver o processo do diagnóstico.

As informações que possibilitam estabelecer o recorte espacial e social do estudo, bem como os objetivos principais, podem ser obtidas com dados primários e secundários fornecidos por lideranças e entidades. A confiabilidade dessas informações é fundamental para que não ocorram equívocos na definição da abrangência e dos objetivos, bem como na seleção das ferramentas do diagnóstico, que podem comprometer o processo nos resultados finais.

O desenvolvimento do diagnóstico depende muito da perspicácia da equipe de mediadores para conduzir, com sensibilidade criativa, a construção das ferramentas com participação e representação dos diferentes grupos. Nessa etapa, o uso das ferramentas certas para dinamizar e encorajar ao máximo a expressão livre dos participantes é fundamental. Ao escolher, por exemplo, uma ferramenta que requeira escrever, é necessário saber se todos os participantes são alfabetizados, pois, caso não sejam, é possível provocar constrangimentos inibidores e o fracasso da sistemática.

Outro aspecto fundamental para o sucesso do diagnóstico é a postura e a linguagem dos mediadores. Quanto mais estes conseguirem estabelecer pontes e vínculos com a realidade, mais potencializarão a participação. Para uma comunidade, o acesso de pessoas que não pertencem ao seu círculo pode, por si só, ser motivo de inibição, o que se agrava ainda mais quando a postura dos mediadores é de afastamento e superioridade. De fato, é muito difícil convencer alguém de que aquilo que ele sabe e diz é importante se a pessoa a quem ele diz faz questão de se mostrar um cientista social, um agrônomo, um psicólogo ou um "doutor" de qualquer outra coisa.

Os mediadores precisam ter uma boa "caixa de ferramentas" para disporem daquelas que vão adaptar-se melhor aos objetivos do diagnóstico. Para isso, sugerimos responder a algumas perguntas: Que ferramentas correspondem às necessidades de informação? Quais delas os participantes preferem? Quais produzem informação desagregada por gênero? Que informação já existe em relatórios, mapas ou estudos?

Existem muitas outras técnicas e formas para desenharmos o processo do diagnóstico. As opções devem se dar sempre levando em conta os objetivos, o perfil e o tamanho da população. A seguir, apresentamos e orientamos o desenvolvimento de três ferramentas participativas a serem empregadas em grupos.

Mapa da comunidade

A elaboração do mapa da comunidade envolve uma atividade coletiva que possibilita, por um lado, a tomada de consciência da realidade local por parte dos participantes e, por outro, a obtenção de informações diagnósticas sobre essa realidade.

Para construir o mapa, os seguintes elementos devem ser considerados:

- TEMA: a montagem do mapa deve combinar recursos naturais, estruturais e sociais. Essa ferramenta é muito utilizada em projetos que abrangem de forma integrada aspectos ambientais, sociais, sanitários, estruturais etc. O mapa da comunidade dá uma ideia geral dos principais aspectos que interferem na realidade investigada.
- OBJETIVO: criar uma concepção compartilhada sobre a situação atual da comunidade em relação aos seus potenciais e limitações no âmbito social, cultural, econômico, estrutural, sanitário etc.
- MATERIAIS: é necessário dispor de um pedaço de papel grande, lápis, pincéis atômicos e giz de cera. Também é possível realizar a atividade diretamente no chão (piso ou areia) com qualquer tipo de material, como pedras, paus e sementes.
- PROCEDIMENTO: na primeira reunião, deve ser formado um grupo misto de homens, mulheres, jovens e idosos para explicar o objetivo e os elementos do mapa.
- DINÂMICA: o moderador pode sugerir o início do mapa com elementos de referência, como rios, estradas e limites da comunidade, ou provocar os participantes com perguntas orientadoras. Por exemplo: Quais são os elementos sociais, ambientais e econômicos da comunidade? Quais são os limites da comunidade?

Gradativamente, os diversos elementos devem ser desenhados pela comunidade, cuidando-se para manter aproximadamente a composição geográfica dos pontos e elementos.

As estruturas socioculturais e econômicas são elementos importantes como referência da percepção da comunidade e podem ser identificadas pela localização de serviços, como escola, igreja, centro de saúde, área de lazer, centro comunitário, mercearias, armazéns e lojas, bem como pela localização das moradias e pelo número de habitantes, pelas estradas principais e secundárias. Adicionalmente, podem ser visualizos a qualidade das construções e o acesso à água, energia elétrica etc. Os elementos apresentados no mapa podem ser observados inclusive pelo tamanho, cor e/ou localização, pois revelam a imagem que fazem os participantes de cada um deles e o grau de importância que têm.

Calendário histórico

O calendário histórico cria a oportunidade de fazer com que a comunidade reflita sobre seu passado e, principalmente, sobre os diversos fatores que representaram as principais transformações ocorridas no decorrer de sua existência.

Para realizar essa atividade, devem-se considerar os elementos a seguir.

- TEMA: representação das sucessões históricas de determinado período, com as mudanças que elas causaram no sistema social, econômico, cultural e ambiental da comunidade.
- OBJETIVO: visualizar os fatos, as experiências e as mudanças que influenciaram de forma decisiva o desenvolvimento da comunidade, território, setor social ou organização.
- MATERIAIS: pedaço de papel grande, pincéis e giz de cera ou computador com projetor multimídia.
- DINÂMICA: formar um grupo que possa descrever a sucessão de fatos e acontecimentos que ocorreram na comunidade no passado (lembrar-se de convidar as pessoas mais idosas). Depois dsso, é preciso:

- Explicar o objetivo da ferramenta;
- Definir uma escala de tempo desde a criação da comunidade até a atualidade, destacando os principais fatos e transformações ocorridas;
- Descobrir as datas de crise (rupturas) ou momentos decisivos da comunidade;
- Discutir o antes e o depois dos eventos que ocorreram;
- Identificar outros momentos de crise.

Também se podem definir os símbolos que serão utilizados para identificar os assuntos. Depois, deve-se continuar discutindo os fatos, experiências e mudanças mais importantes e introduzi-los na linha do tempo. O papel do facilitador é organizar as informações apresentadas pelos participantes utilizando tarjetas que devem ser dispostas na linha do tempo.

Deve-se finalizar o calendário histórico por meio de um desenho que represente as fases históricas e sirva de base para o relatório de descrição da evolução histórica da comunidade, podendo sustentar ou inspirar a elaboração de projetos sociais.

Diagramas institucionais ou diagrama de Venn

O diagrama de Venn possibilita que as informações sejam dispostas em círculos e destaca as relações que estas apresentam entre si. Para ser usado como ferramenta diagnóstica, é preciso considerar os seguintes aspectos.

- TEMA: o diagrama permite identificar os grupos organizados de determinada comunidade ou região e as relações que estes têm entre si e com as outras organizações e instituições.
- OBJETIVO: evidenciar as relações que se estabelecem entre os membros da organização, comunidade ou região e as instituições e reconhecer seu impacto nos processos de decisão e no desenvolvimento local.
- MATERIAIS: é necessário dispor de um pedaço grande de papel, tarjetas, cartolina, pincéis ou quadro e giz colorido.

- PROCEDIMENTOS: deve-se reunir um grupo representativo que tenha experiência em relação aos grupos e às instituições vinculados à organização, comunidade ou região. Depois, é preciso:
  - explicar os objetivos da ferramenta;
  - desenhar um círculo no centro do papel para representar a organização, comunidade ou região;
  - identificar e desenhar os grupos, organizações e instituições que têm relação com a organização (igreja, saúde, segurança, prefeitura, ONG, associações etc.);
  - fazer as tarjetas das entidades por ordem de importância, localizando-as no entorno do posicionamento do centro, por grau de relação. As que têm menos relações são posicionadas mais longe do círculo, e as que têm mais relações são colocadas mais próximo;
  - anotar os comentários que caracterizam os tipos de relação e, uma vez terminado o desenho, fazer uma segunda revisão, de modo a testar e qualificar os posicionamentos.

Ao término, a assessoria terá os elementos suficientes para escrever um relatório situacional e relacional da organização, comunidade ou região que servirá de base para os projetos e as ações a serem desenvolvidos.

Essas e outras ferramentas participativas possibilitam às equipes pesquisadoras obter um grande volume de dados primários que, ao lado dos secundários, proporcionam informações, estudos e análises com aproximação da realidade das comunidades, territórios ou organizações, assim como a visualização dos pontos estratégicos para resolver os problemas (gargalos) identificados e alavancar o desenvolvimento.

Os diagnósticos com ferramentas técnicas não participativas também conseguem obter alto grau de precisão na leitura da realidade, mas apresentam desvantagens quanto ao processo de autoconhecimento e mobilização prospectiva das populações e organizações envolvidas.

Atividades

1. Relacione as alternativas com a conceituação mais coerente:
   a) Diagrama de Venn
   b) Calendário histórico
   c) Mapa da comunidade
   d) Diagnóstico rural participativo (DRP)
   e) Triangulação metodológica
   ( ) Técnica que busca identificar as transformações ocorridas no decorrer da existência da comunidade ou organização.
   ( ) Técnica que procura criar consciência compartilhada sobre a realidade e suas potencialidades.
   ( ) Técnica que constrói as informações por meio de círculos, dando prioridade às relações.
   ( ) Análise interdisciplinar com uso de métodos quantitativos e qualitativos.
   ( ) Método que utiliza técnicas em que a comunidade e os técnicos constroem juntos o diagnóstico.

2. Marque V para as alternativas verdadeiras e F para as falsas:
   ( ) A realidade social pode ser inteiramente captada por um diagnóstico, desde que este seja participativo.
   ( ) A análise interdisciplinar não é adequada porque torna o diagnóstico confuso.
   ( ) O enfoque sistêmico analisa a inter-relação e o desenvolvimento dos sistemas.
   ( ) Os elementos subjetivos das populações não podem fazer parte do diagnóstico porque não podem ser captados cientificamente.

(6)

Problemas e objetivos
em projetos sociais

Pedro Roque Giehl
Darlene Arlete Webler

Considerando o percurso realizado nos capítulos anteriores, em que foram tecidas reflexões a respeito da conceituação e da caracterização dos projetos sociais, das noções de Estado, de público e de privado, das concepções de linguagens, de sujeitos e de sentidos, das orientações metodológicas e dos diagnósticos de projetos sociais, trataremos, neste capítulo, das questões referentes à definição dos problemas e à especificação dos objetivos e das metas.

Fazer essa abordagem nos leva a pensar no processo de elaboração e estruturação de um projeto social em que o conjunto de ideias e anseios relacionados aos problemas da realidade social percebidos por determinado grupo deva ser traduzido em situações-problema e em objetivos e ações com vistas à resolução destas. Trata-se de um processo não linear e revestido de complexidade, no qual a participação de todos os sujeitos sociais envolvidos, desde os primeiros passos de discussão do projeto até sua implantação e, posteriormente, avaliação, é fundamental.

Nesse sentido, vamos desdobrar nossa abordagem em três seções para tratar da definição do problema, da proposição de objetivos e do estabelecimento de metas.

(6.1) Descrição, especificação e análise (da descrição) do problema

É importante considerar que os projetos sociais não têm início com a elaboração das propostas nem se encerram com o desenvolvimento da última ação. Geralmente, antes de se começar, há um conjunto de ideias – que são desejos, preocupações, anseios, expectativas – que se apresentam de forma bastante dispersa e, por vezes, revestida de vagueza, o que equivale a ideias de sentido vago, inacabado. Essas ideias estão relacionadas a alguns objetivos a serem alcançados ou a algo que se quer realizar ou superar. Quando traduzidas em possibilidades e capacidade de ação, elas se tornam realidade problematizada (situação-problema ou, simplesmente, problema), sobre a qual é possível agir.

Considerando que a palavra *problema* significa, comumente, "dificuldade ou falta de alguma coisa que se deveria ter", seu sentido se vincula, de modo geral, ao entendimento de que existe uma situação indesejável, uma disfunção que não deveria existir, associando a noção a uma atitude negativa. Nos estudos de metodologia científica, o conceito de *problema*, conforme observa Lück (2003), é mais amplo e complexo, na medida em que desenvolve a compreensão da relação entre a situação real e a desejada. Dessa forma, podemos dizer que o problema em um projeto se constitui na questão problematizada, ou seja, naquilo que é questionado de modo a construir uma visão de novas realidades.

No que se refere a planejamento, somente se pode entender como problemas as situações ou ideias que explicitem a necessidade de soluções, as quais devem estar ao alcance de quem as proponha. O proponente, nesse caso, deve ter autonomia para agir, manter, promover, alterar ou transformar. A maioria das contradições ou realidades sociais que sensibilizam ou comovem as pessoas não tem a condição resolutiva estrutural ao alcance destas. Entretanto, em muitos casos, é possível identificar espaços de ação concreta sobre uma parcela específica da realidade. Nesses casos, o recorte possível é o problema a ser tratado pelo plano e seus projetos, e os objetivos constituem aquilo que se deseja alcançar com eles.

Como exemplo, considere a situação dos rios e dos lagos em regiões metropolitanas, que apresentam índices de poluição tão acentuados que as possibilidades de vida aquática são consideradas, muitas vezes, nulas ou enormemente limitadas. Trata-se de uma realidade social que, normalmente, é de conhecimento de grande parcela da sociedade, tornando-se, por vezes, uma questão denunciada publicamente por determinados grupos. A transformação dessa realidade requer a mobilização conjunta de diferentes segmentos sociais e estatais, implicando ações de cunhos socioeconômico e cultural, ou seja, envolve uma solução de grandes dimensões e não depende da vontade e das ações de uma única organização da sociedade civil. Por isso, a problemática da poluição desses rios e lagos, em que o objetivo central é a despoluição para a promoção do equilíbrio de seu ecossistema e a neutralização de seus efeitos sociais, não serve como questão problematizada ou situação-problema para um projeto social.

Considerando que fatos ou situações específicas, recortados de amplas realidades sociais problemáticas, podem se tornar uma situação-problema enfocada em um projeto social, tomamos aqui, ainda como exemplo, o jacaré que foi encontrado no Rio Tietê e resgatado vivo há alguns anos. Esse fato chamou a atenção de grande parcela da sociedade, sensibilizando muitas pessoas, visto que a condição de grande poluição do Tietê tem inviabilizado a sobrevivência de peixes e outros tipos de vida aquática. A mobilização de grupos e organismos sociais se voltou para a tentativa de encontrar um novo *habitat*, com ambiente tranquilo e limpo (despoluído) para o jacaré. Isso constituía um problema e um objetivo ao alcance da parcela que se comoveu com o fato. Logo, há um objeto (situação-problema) viável em torno do qual é possível elaborar um projeto social, assim como há outros problemas que podem ser recortados da mesma realidade social.

De acordo com Lück (2003), no contexto ou na introdução do problema, é fundamental a descrição de uma realidade específica, mediante a análise de todos os aspectos importantes, para que se possa caracterizar uma situação que demande ações inovadoras, melhoria ou transformação. Nesse sentido, para compreender uma situação-problema, é preciso que diversos dados dispersos sejam considerados, organizados e descritos para que possam ser interpretados e analisados. Assim, os fatos vigentes e suas tendências podem ser compreendidos, todas as implicações dali derivadas podem ser reconhecidas e a mudança de uma realidade social ou a construção de uma nova situação desejada pode ser implementada.

Enfatizamos que, nesse processo – que passa pela compreensão de uma situação, ou seja, pelo reconhecimento das implicações e efetivação de mudança ou instauração de uma nova realidade –, o pensamento deve estar voltado para o futuro, tendo em vista os objetivos a serem atingidos, mas deve também estar necessariamente articulado com as dimensões passado e presente. Assim, é fundamental ter uma visão histórica e retrospectiva da realidade e a memória da identidade do grupo proponente; uma visão atual dela, em que são considerados o contexto e as condições concretas nas quais o projeto vai se materializando em uma proposta; e uma visão prospectiva, de futuro, mediante a análise de tendências. Essas perspectivas de tempo devem ser tomadas de forma integrada, pois os projetos e as organizações estão voltados para o futuro, situados em um contexto presente – com roupagens, por vezes, favoráveis para o desenvolvimento de planos e projetos e, por outras, desfavoráveis – e influenciados ou condicionados pelo passado.

Vislumbrar horizontes desejados e objetivos a serem alcançados pautando-se em experiências e aprendizagens adquiridas ao longo da história organizativa contribui para a tarefa de formular e lapidar claramente o problema a ser enfocado no projeto social. A descrição e a análise da realidade em que se situa o problema devem ser bem fundamentadas, evitando-se uma visão fragmentada, inconsistente e imediatista desta, bem como uma interpretação alicerçada no senso comum. Salientamos que é preciso considerar elementos do conjunto e, ao mesmo tempo, elementos específicos para que as ações e as intervenções sejam consistentes e conduzam efetivamente à(s) finalidade(s) almejada(s). Nessa articulação entre o conjunto e o específico na descrição do problema de um projeto, devem ser realizadas análises que levem em conta elementos contextuais, comparativos, analíticos e teóricos.

Ao se delimitar o problema, o foco deve ser específico e próximo da realidade social dos proponentes e não deve apresentar-se como a descrição de uma história remota e distante ou um contexto amplo da organização em que se situa. É comum ver, em projetos sociais, a descrição do problema – e do contexto em que ele se insere – apresentada de forma ampla e distanciada do foco pretendido, o que a torna genérica. Isso deve ser evitado, do contrário, corre-se o risco de comprometer a superação da situação-problema.

Como um exemplo do que deve ser considerado e evitado na redação de um problema, consideremos os fragmentos introdutórios a seguir, referentes a um projeto social cuja situação-problema é a preparação precária de estudantes para a prova do Exame Nacional do Ensino Médio[a] (Enem), os quais vivem em dada comunidade e são oriundos de escolas públicas – inclusive da educação de jovens e adultos (EJA) –, aspectos impactantes quanto ao ingresso em universidades da Região Metropolitana de Porto Alegre.

FRAGMENTO 1: Atualmente, o mundo está passando por uma crise de paradigmas em termos sociais, culturais, ideológicos, econômicos, religiosos etc. Os referenciais de sociedade das décadas de 1980 e 1990 já não são mais válidos. Os avanços das ciências e das tecnologias provocaram e continuam provocando uma reorganização no trabalho em geral, nas concepções culturais e educacionais, exigindo seu redimensionamento.

---

a. O Enem é uma prova que se destina a avaliar o desempenho do estudante ao fim da educação básica, porém seu resultado é utilizado parcialmente como condição para o ingresso em universidades brasileiras.

> FRAGMENTO 2: Atualmente, a sociedade brasileira passa por várias mudanças, especialmente na área da educação. Há uma preocupação de diferentes segmentos sociais e governamentais em relação à qualidade da educação brasileira, à adequação às novas demandas socioeconômicas e culturais e à implementação de políticas públicas de democratização e descentralização na educação. Entre as ações e propostas, está a prova do Enem como ferramenta de avaliação dos níveis de ensino-aprendizagem no final do ensino médio e de avaliação para o ingresso no ensino superior, substituindo os concursos vestibulares.

O primeiro fragmento caracteriza-se por apresentar uma descrição ampla, genérica e distante de seu foco, enquanto o segundo tem uma apresentação mais específica e aproximada da realidade social em que estão inscritos os sujeitos envolvidos e os proponentes do referido projeto social.

Ainda que os fragmentos anteriores apresentem apenas uma introdução do que seria a apresentação do problema, é possível observar, no primeiro deles o caráter genérico, vago e distante da abordagem em relação ao objeto enfocado: a necessidade de preparação de jovens e adultos para a prova do Enem com vistas ao ingresso na universidade. Diferentemente, no segundo recorte de texto, há um percurso que começa situando, no conjunto, a área em que se insere o ponto problematizado (a situação-problema): a educação brasileira, que sofre modificações especialmente nos processos de avaliação de um nível para outro, as quais, por sua vez, têm implicações no ingresso na universidade.

Considerando-se que o foco central do projeto está voltado para o ingresso de jovens e adultos social e economicamente desfavorecidos da comunidade local, em que as escolas do bairro e dos arredores apresentam baixos níveis de ensino e precariedade de recursos materiais, o início de uma descrição e caracterização da situação-problema deve enunciar aspectos do conjunto (macrocontextuais), articulando-os em aspectos específicos do problema e dos objetivos do projeto social. Assim, a redação descritiva desvela, de forma clara e precisa, a expressão das ideias e dos anseios dos sujeitos envolvidos, a identidade e as intenções da organização social proponente e, ainda, favorece a compreensão da proposta pelo leitor.

Na descrição do problema, além dos aspectos contextuais, podem ser apresentados elementos comparativos, estabelecendo-se paralelos entre a situação-problema em foco e situações semelhantes, uma vez que é por meio de uma comparação com algum parâmetro que se identifica uma condição a ser melhorada. Assim, em um projeto social como o referido anteriormente, podem ser apresentados indicadores sociais e econômicos locais de desempenho educacional de estudantes do bairro, de características da dinâmica de trabalho e renda, entre outros, bem como podem ser descritos projetos e ações sociais de outros grupos organizados. Podem ser apresentados também elementos comparativos internos da organização social proponente relativos a ações e propostas situadas no eixo da educação popular, da promoção da cidadania etc.

Na descrição e análise do problema, enfatiza-se o desdobramento de aspectos de ordem analítica, que Lück (2003) designa como ELEMENTOS ANALÍTICO-CRÍTICOS, visto que estes evidenciam, com base em dados quantitativos e qualitativos sobre a situação-problema, limitações, potencialidades, conflitos, funções e disfunções, contradições e perspectivas. Conforme a referida autora, "ao evidenciar a complexidade e a dinâmica da situação vivenciada, estabelecem-se parâmetros e estratégias de ação e a sinergia necessária para promover a melhoria necessária" (Lück, 2003, p. 98). Sob a perspectiva da descrição analítica, podem ser elaboradas questões como: Quais são os processos relacionados à situação considerada? Quem é o público-alvo? Quais são suas necessidades prioritárias? Como podem ser atendidas? Quais são as implicações para os diferentes sujeitos envolvidos?

É fundamental, ainda, considerar os elementos teóricos na descrição do problema. São eles que estabelecem o aprofundamento das análises, imprimindo clareza conceitual à discussão e delimitando a situação-problema. Trata-se do estudo dos significados e de seus desdobramentos principais, que constituem o objeto do projeto social. Uma visão de caráter teórico possibilita ir além do senso comum, superando-o, uma vez que este leva apenas a abordagens genéricas e rotuladas.

A interpretação e a compreensão de conceitos utilizados e de questões que emergem ao se abordar a situação-problema podem ser baseadas em leituras e estudos especializados. Destacamos que o aprofundamento teórico é fundamental no processo de elaboração do projeto social para que o foco de atenção deste e seus elementos constitutivos e inter-relacionados sejam bem compreendidos. Nesse sentido, seguem exemplos de questões esclarecedoras: Quais são as variáveis da questão que devem ser consideradas? O que (e como) elas significam efetivamente? Como são expressas? Que relações essas variáveis estabelecem entre si? Que impacto produzem no conjunto do problema? A que fatores são suscetíveis? Sua manifestação tem uma dimensão favorável ou desfavorável? Em suma, o ponto de vista do projeto, alicerçado pela fundamentação teórica, é essencial para determinar sua direção e efetividade.

Embora grande número de projetos apresente perifericamente o problema, sem abordar, ou fazendo-o de forma superficial, questões substanciais, chamamos a atenção para a complexidade que caracteriza essa tarefa. Metaforicamente, ela pode ser representada como um *iceberg*, conforme a ilustração a seguir.

Figura 6.1 – Proporção entre sintoma e problema

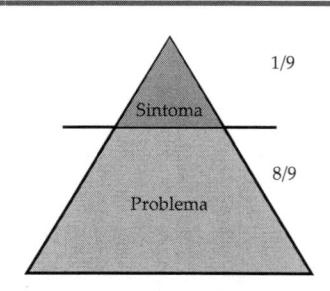

FONTE: LÜCK, 2003, P. 103.

Na superfície, ficam os elementos secundários, superficiais e sintomáticos, sendo essa a proporção visível, que é fácil de ser percebida. Trata-se de uma parte bem menor do que a que fica submersa. É justamente buscando interpretar e analisar essa parte submersa e profunda que encontramos a real situação-problema. De acordo com Lück (2003), a análise aprofundada do problema constitui-se em uma fundamental tarefa de gestão, que deve ser exercida regularmente e com perspicácia.

Considerando que especificar e analisar a situação-problema de um projeto social não é uma tarefa simples, mas revestida de complexidade, optamos por apresentar, a seguir, alguns cuidados e orientações relativos ao planejamento de intervenção sobre o problema, tomando por base observações feitas por Lück (2003, p. 116):

- Focalize e delimite a área de atenção, estabelecendo a unidade de análise, a clareza e a consistência da proposição.
- Identifique todos os elementos envolvidos, enumerando-os em uma lista, o que permite fazer um mapeamento dos conteúdos e dos aspectos envolvidos.
- Desenvolva o entendimento da expressão e do significado desses elementos (características, causas, consequências, extensão, profundidade).
- Mapeie o relacionamento entre os elementos que compõem a situação-problema, para compreender como os elementos se influenciam e como se reforçam reciprocamente.
- Verifique o contexto da situação focalizada, a fim de identificar sua relevância no conjunto de situações observadas.
- Confira precisão e profundidade à descrição, evitando a superficialidade e a generalidade.

(6.2) Proposição de objetivos

É na descrição dos objetivos que se expressa com mais exatidão o que efetivamente o grupo quer fazer e aonde quer chegar. Também é nela que se pode perceber, mais claramente do que em outras partes, a visão de sociedade, as prioridades políticas e as opções de mudança do grupo social organizado. Como os objetivos enunciam a expressão dos resultados que se pretende atingir com a realização do projeto social, indicando sua direção e seu alcance em um tempo limitado, eles se constituem como o elemento central.

Os objetivos, cuja função é direcionar tanto as ações a serem promovidas quanto sua avaliação, apresentam-se em dois níveis, de acordo com sua abrangência: objetivo geral e objetivos específicos – estes, mais delimitados e aquele, mais abrangente.

O objetivo geral deve apontar para uma transformação bastante ampla, relacionada com a missão da organização proponente. Essa transformação recebe a caracterização de "impacto do projeto" pela literatura especializada. Considerando que pode ser atingida não apenas por meio do projeto, mas de um conjunto de fatores e intervenções, é comum que o objetivo geral tenha uma redação abstrata e pouco vinculada às ações que se quer desenvolver. Essa vinculação pontual com ações e resultados a serem alcançados é expressa por meio dos objetivos específicos, derivados do objetivo geral. Salientamos que a proposição do objetivo geral pressupõe que se tenha clareza do foco unitário e se entendam bem o significado e o alcance do(s) conceito(s) nele inscrito(s).

Os objetivos específicos, diferentemente do objetivo geral, são vários e de caráter operacional, apontando para resultados concretos do projeto. São questões que podem ser alcançadas por meio do próprio projeto, com o papel de delimitar e propor os desdobramentos do objetivo geral em resultados menores. Dessa forma, os objetivos específicos devem estar relacionados aos fatos e indicadores apontados na descrição do problema, tendo em vista que, por intermédio desta, podem ser propostos objetivos consistentes e coerentes com o projeto social.

De acordo com Lück (2003), "a explicitação do objetivo geral em objetivos específicos corresponde a um processo de desmembramento do mesmo em resultados menores, em acordo com a interpretação que se faz das possibilidades, à luz das problemáticas analisadas". Isso significa que os sujeitos proponentes devem ter clareza sobre o problema e o que desejam alcançar, bem como um entendimento aprofundado dos conceitos específicos. Afinal, só chega ao lugar desejado quem sabe qual direção tomar e como chegar até lá.

Nesse sentido, os objetivos estão relacionados tanto à(s) justificativa(s) quanto ao quadro de metas. A vinculação ocorre entre o objetivo geral e as razões pelas quais o projeto deve ser desenvolvido, bem como entre os objetivos específicos e as ações e os resultados os quais se espera que o projeto alcance.

Considerando o exemplo que apresentamos anteriormente (de um projeto social cuja situação-problema é a pouca preparação de jovens e adultos da comunidade local para a prova do Enem, com vistas ao ingresso na universidade), podemos apresentar, como ilustração, o objetivo geral e os objetivos específicos a seguir.

OBJETIVO GERAL

Contribuir para o ingresso no ensino superior de jovens e adultos social e economicamente desfavorecidos, na perspectiva de melhorar sua qualidade de vida e a de seus familiares, propagar o interesse pelos estudos continuados e propiciar a revitalização socioeconômica e cultural do bairro, provocando, assim, mudanças na realidade social local.

OBJETIVOS ESPECÍFICOS

- Promover um curso preparatório para a prova do Enem destinado a jovens e adultos empobrecidos e oriundos, prioritariamente, de escolas públicas.

- Desafiar os estudantes a se prepararem, da melhor forma possível, para a prova do Enem, por meio de aulas, debates temáticos e leituras.

- Envolver diferentes agentes sociais, professores especializados, assessores e educadores populares para contribuir na boa preparação dos estudantes.

- Ampliar o acervo de livros de literatura diversa, para leitura e pesquisa, da biblioteca comunitária da ONG promotora e facilitar o acesso aos alunos.

- Disponibilizar o acesso à internet para viabilizar pesquisas, obtenção de informações e encaminhamentos relativos ao Enem, bem como à universidade e aos cursos oferecidos.

- Reforçar uma cultura de solidariedade e mútua ajuda entre os sujeitos envolvidos.

Embora a redação do objetivo geral e dos objetivos específicos seja feita, em geral, por um pequeno grupo, é fundamental que o conjunto dos sujeitos envolvidos tenha participado amplamente dos debates e tenha clareza sobre cada um deles. Trata-se de um processo que deve ser democrático para que represente efetivamente as ideias e os anseios de todo o grupo.

A seguir, apresentamos um diagrama (Figura 6.2) que trata sinteticamente da concepção dos objetivos, dos níveis de abrangência e da articulação com outros componentes ou itens de um projeto social.

Figura 6.2 – Os objetivos e suas implicações

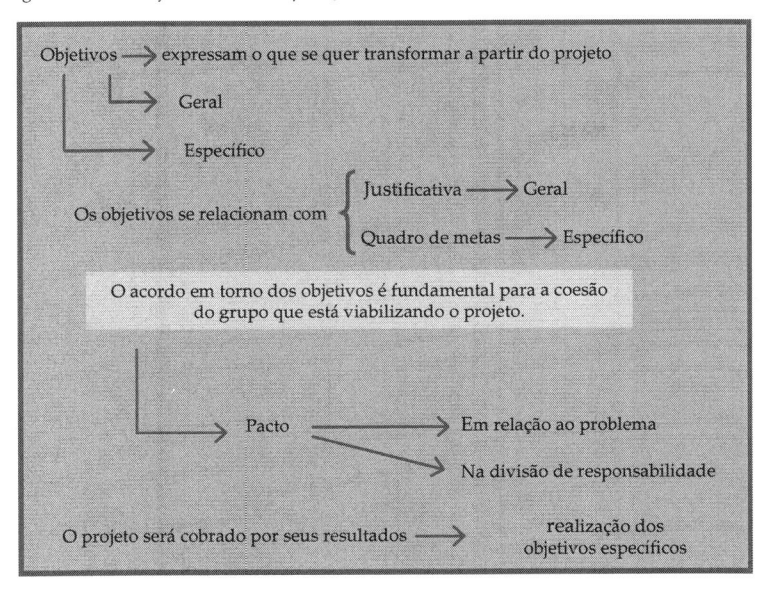

```
Objetivos ──► expressam o que se quer transformar a partir do projeto
     └──► Geral
     └──► Específico

                                  ┌ Justificativa ──► Geral
Os objetivos se relacionam com  ──┤
                                  └ Quadro de metas ──► Específico

O acordo em torno dos objetivos é fundamental para a coesão
do grupo que está viabilizando o projeto.

     └──► Pacto ──────────► Em relação ao problema
                       └──► Na divisão de responsabilidade

O projeto será cobrado por seus resultados ──►  realização dos
                                                objetivos específicos
```

FONTE: CARVALHO; MÜLLER; STEPHANOU, 2003, P. 54.

Conforme esse esquema, os objetivos em um projeto expressam o que a organização social pretende transformar na sua realidade. A clara e consistente elucidação é fundamental tanto para a definição e delimitação do problema quanto para a própria elaboração e execução do projeto. A Figura 6.2 também evidencia as relações entre o objetivo geral e a justificativa, assim como entre os objetivos específicos e o quadro de metas, e enfatiza a vinculação de resultados com a realização dos objetivos específicos. Observamos que o objetivo geral tem um caráter abstrato e amplo, por isso, muitas vezes, seu alcance somente é percebido parcialmente na conclusão do projeto.

(6.3) Definição do quadro de metas

Tratar do quadro de metas significa voltar as atenções para o local em que os objetivos específicos se traduzem em ações e resultados. Dessa forma, com base na proposição dos objetivos, procede-se à definição das condições para nortear a avaliação da eficácia do projeto pensando-se nos resultados que são esperados com sua realização no tempo necessário. Essa definição corresponde à especificação das metas.

Na elaboração do quadro de metas, é importante priorizar três elementos: as ações, os indicadores de resultados e os meios de verificação. As ações correspondem ao conjunto de atividades práticas para cada objetivo específico, referentes à demanda que a proposta torna explícita. Em outras palavras, as ações são os procedimentos necessários para a realização dos objetivos específicos. Dessa forma, em uma proposta que tenha como objetivo geral o ingresso na universidade de jovens e adultos empobrecidos e como um de seus objetivos específicos a promoção de um curso de preparação para a prova do Enem – esta, substitutiva da tradicional prova de vestibular –, as ações são várias, como organização de um plano pedagógico de acordo com as orientações do Enem, formação de um grupo de professores especializado e sintonizado com a proposta, constituição de turmas entre 25 e 50 estudantes, reunião de materiais de apoio e definição de local para o desenvolvimento das aulas. Quanto ao detalhamento de cada uma das ações, não há necessidade de fazê-lo constar no quadro de metas – ele pode ser apresentado posteriormente no projeto. Todavia, é preciso evitar um projeto com ações pouco definidas, o que dificulta sua avaliação.

Em relação aos outros elementos apontados, eles correspondem aos desejos práticos relacionados à situação à qual se quer chegar, aos indicativos de resultado e a um sistema de coleta de informações, pesquisas e avaliações, ou seja, aos meios de verificação. Estes respondem complementarmente à pergunta: Como posso saber se os resultados serão alcançados? Os indicadores de resultados, por sua vez, estão diretamente associados ao processo de avaliação do projeto, constituindo-se nas referências que apontam a realidade que se quer construir, e não sendo a própria realidade.

No caso do objetivo específico de nosso exemplo (a promoção de um curso de preparação para a prova do Enem), podemos enumerar como meios de verificação a observação diária ou semanal da aprendizagem dos estudantes, a discussão de dúvidas em aula, a aplicação periódica de exercícios e testes e a realização de um simulado do Enem na conclusão do curso ou próximo dela. Quanto aos resultados, estes estão sujeitos a diversas variáveis, entre elas, uma parte fora do controle dos alunos, como grande número de concorrentes qualificados no Enem, tema de redação que o estudante não domina e doença do aluno durante o curso. Embora os resultados esperados sejam o bom desempenho de todos os estudantes do curso preparatório (ou da maioria deles) na prova do Enem, para que seu ingresso na universidade seja efetivado, nem sempre eles se transformam no produto que se deseja ter. É importante que os indicadores sejam bem construídos para que se estimem efetivamente os resultados. Esses indicadores podem ser de quantidade e de qualidade e sempre conduzem à avaliação.

Para ter um exemplo do que significa a definição de um quadro de metas e dos elementos que nele se articulam, observe com atenção a Figura 6.3.

Figura 6.3 – Representação esquemática de um quadro de metas

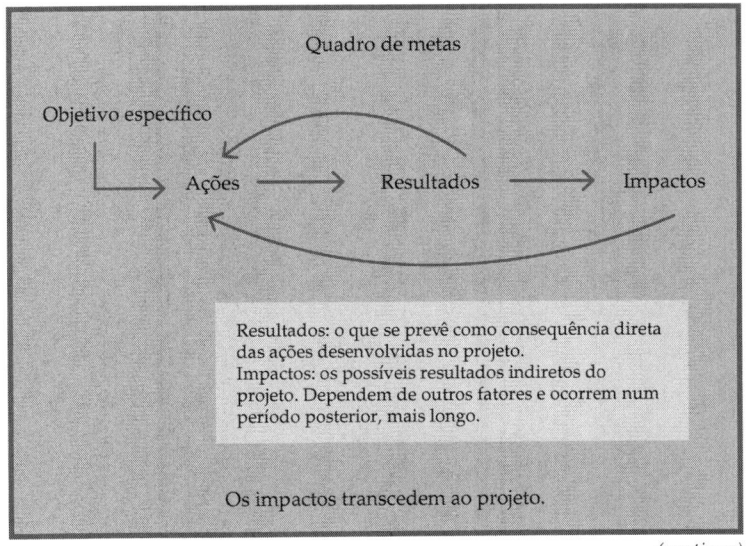

Quadro de metas

Objetivo específico
↓
Ações ⟶ Resultados ⟶ Impactos

Resultados: o que se prevê como consequência direta das ações desenvolvidas no projeto.
Impactos: os possíveis resultados indiretos do projeto. Dependem de outros fatores e ocorrem num período posterior, mais longo.

Os impactos transcedem ao projeto.

(continua)

(Figura 6.3 – conclusão)

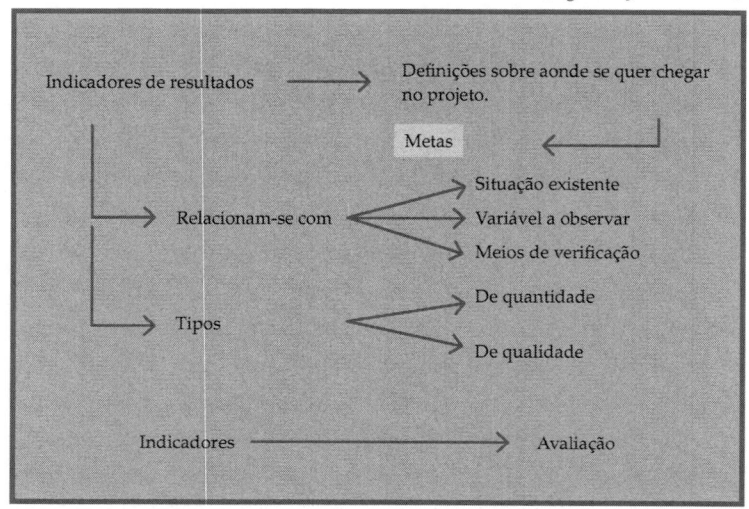

Indicadores de resultados →	Definições sobre aonde se quer chegar no projeto.
	Metas ←
→ Relacionam-se com ←	→ Situação existente → Variável a observar → Meios de verificação
→ Tipos	→ De quantidade → De qualidade
Indicadores ─────────→	Avaliação

FONTE: ADAPTADO DE CARVALHO; MÜLLER; STEPHANOU, 2003, P. 60 E 64.

Atividade

1. Relacione as alternativas com a conceituação mais adequada:

    a) Problemas de desempenho
    b) Objetivos
    c) Metas
    d) Impactos

    ( ) O que se pretende atingir, materializado em indicadores.
    ( ) O que se quer realizar.
    ( ) Situações da realidade sobre as quais se pode agir.
    ( ) Resultados indiretos de projetos e ações.

(7)

Fontes e condições de financiamento de projetos sociais

Ieda Cristina Alves Ramos tem bacharelado em Ciências Sociais pela Universidade Federal do Rio de Janeiro (UFRJ), especialização em Projetos Sociais e Culturais e mestrado em Desenvolvimento Rural pela Universidade Federal do Rio Grande do Sul (UFRGS). Tem experiência em assessoria em elaboração, monitoramento, gestão e avaliação de projetos sociais voltados para as temáticas na área rural e pesquisas de caracterização social, histórica, econômica e cultural de populações tradicionais. Atualmente, é professora-tutora do curso de graduação a distância em Planejamento e Gestão para o Desenvolvimento Rural da UFRGS em diversas disciplinas.

Luciana Conceição Lemos da Silveira é graduada em Ciências Sociais pela Universidade do Vale do Rio dos Sinos (Unisinos). Atualmente, cursa o mestrado em Desenvolvimento Rural pela Universidade Federal do Rio Grande do Sul (UFRGS). Tem experiência na área de ciências sociais, com ênfase em sociologia, pesquisando principalmente as seguintes áreas temáticas: economia solidária, remanescentes de quilombo e educação popular. Atuou como educadora de jovens e adolescentes em situação de vulnerabilidade social, em pesquisas sociais e como professora-tutora do curso de graduação a distância em Planejamento e Gestão para o Desenvolvimento Rural na UFRGS.

Ieda Cristina Alves Ramos
Luciana Conceição Lemos da Silveira

Neste capítulo, analisaremos as fontes e condições de financiamento para projetos sociais. Nos últimos anos, a busca de apoio institucional para obter recursos financeiros passou a ser conhecida como *captação de recursos*.

A captação de recursos ganhou legitimidade e emergiu nas discussões sobre financiamento de projetos e sustentabilidade institucional. Independentemente da instância, das organizações sociais, dos órgãos governamentais nas esferas federal, estadual e municipal ou junto aos agentes culturais, a captação de recursos precisa ser discutida sem omissões e ressalvas. Somente com transparência e clareza é possível assegurar uma postura ética e a conquista da credibilidade necessária para todos os setores envolvidos.

A captação de recursos é um dos maiores desafios que as organizações enfrentam. Com o aumento da competitividade para a obtenção de recursos, elas necessitam aprimorar seus projetos com esse objetivo. É na etapa de solicitação de apoio e fomento que os projetos sociais se relacionam com a captação de recursos financeiros e a articulação de políticas. É importante perceber as condições propostas por possíveis financiadores e as relações políticas decorrentes desses apoios.

> A ideia de *otimização* é a principal distinção entre *captação* e *mobilização de recursos*. A captação assegura recursos financeiros ou fundos (recursos humanos, materiais e serviços) novos ou adicionais, enquanto a mobilização é a busca de como fazer o melhor uso dos recursos existentes, aumentando a eficácia e a eficiência dos planos, a conquista de novas parcerias e a obtenção de fontes alternativas de recursos financeiros.

Existem obras que abordam de forma mais detalhada e aprofundada todas as etapas relativas à atividade de captação de recursos. No âmbito aqui tratado, pretendemos tornar mais acessíveis as etapas que envolvem a captação ou a mobilização de recursos nos projetos sociais, compreendendo, principalmente, as principais fontes de recursos e suas etapas de acesso.

(7.1) Conceituando captação de recursos

A *captação de recursos* desponta como um item indispensável na elaboração de projetos. Atualmente, existem cursos para aprimorar a capacidade dos responsáveis por projetos sociais, especificamente na arrecadação de recursos para sustentar suas propostas.

Os recursos podem ser captados em forma de mão de obra, bens móveis e imóveis, mas, na maioria das vezes, o objetivo das grandes e pequenas organizações consiste em obter recursos monetários.

A captação deve ser entendida como uma atividade-meio para a sustentação financeira das organizações, envolvendo questões jurídicas, éticas, de *marketing*, comunicação e gestão.

(7.2) Principais fontes de recursos financeiros

Os recursos podem ser obtidos por meio de diversas esferas públicas – federais, estaduais ou municipais – e privadas. Na maioria das vezes em que as esferas públicas disponibilizam recursos, são criados critérios para elaboração e encaminhamento de projetos.

É necessário observar as exigências para o acompanhamento e a prestação de contas, pois a renovação ou a continuidade dos recursos pode depender da devida prestação de contas à esfera pública ou privada.

Para o êxito da atividade de captação de recursos, é recomendável o acesso a diferentes fontes, como iniciativa privada (pessoas físicas e jurídicas), fundações, organizações religiosas, organismos internacionais, projetos de geração de renda e governo. Essa diversificação também é eficaz para a diminuição do risco da falta de recursos financeiros, materiais e humanos. Quanto mais diversificadas forem as fontes e em maior quantidade, menor será o risco para a sustentação financeira e organizacional e maior será a legitimidade social da entidade. A seguir, apresentamos as fontes de captação de recursos mais comuns.

Indivíduos/doadores

O recurso é doado sem identificação de destino, podendo ser usado para custear despesas operacionais. São recursos com poucas exigências e de resposta rápida às necessidades da instituição. Os doadores podem se agregar ao trabalho voluntário ou podem se tornar agentes multiplicadores das finalidades da instituição e costumam apoiar causas mais ousadas e/ou polêmicas.

Geração de recurso ou projetos de geração de renda

É a garantia de autonomia financeira da instituição, assegurando uma continuidade da receita. Com esse tipo de recurso, é possível fortalecer os vínculos com outros doadores, pois fundações gostam de contribuir com projetos que demonstrem criatividade e potencial para sustentabilidade.

Governos

O recurso governamental envolve a garantia de verba por um longo período (relação estabelecida por meio de um convênio), podendo aportar/doar grandes somas. Também pode envolver o fortalecimento do trabalho por meio de assessoria técnica, e essa parceria pode, ainda, agregar credibilidade no que se refere a potenciais doadores.

Empresas

As empresas normalmente fazem divulgação da doação, o que pode gerar visibilidade para o projeto. São recursos com pouca burocracia no processo de decisão da doação. O valor cedido pode ser alto, e a doação pode ser realizada em produtos, dinheiro ou trabalho voluntário especializado. Não existe período preestabelecido para a solicitação do recurso e as decisões sobre doações podem ser tomadas no decorrer do ano. Esse tipo de parceria agrega credibilidade.

Fundações

O recurso geralmente é alto e doado de uma só vez. Esse tipo de doador já apresenta modelos de projetos para facilitar a elaboração da proposta. As fundações têm missão e foco de atuação claros, o que facilita antecipadamente a identificação de sinergia ou não. Essa parceria agrega credibilidade com relação a outros doadores.

Instituições religiosas

O apoio financeiro desse tipo de doador pode gerar divulgação da instituição apoiadora na comunidade. É um apoio de longa duração, e o recurso é doado sem identificação de destino, podendo ser usado para custear inclusive despesas operacionais. A doação pode ser de produtos, dinheiro e trabalho voluntário. Essa parceria agrega credibilidade, especialmente com relação a pessoas que compartilham a mesma crença.

Informações sobre fontes na internet

Na internet, encontram-se disponíveis várias informações sobre entidades nacionais e estrangeiras que, de diferentes formas, apoiam projetos sociais, conforme mostramos no quadro a seguir.

Quadro 7.1 – *Entidades nacionais e estrangeiras que apoiam projetos sociais*

FONTES	ESPECIFICAÇÃO
Redes de fundações na internet	Grupo de Institutos, Fundações e Empresas (Gife): www.gife.org.br Funders Network on Trade and Globalization (FNTG): www.fntg.org Grupo de Fundaciones y Empresas da Argentina: www.gdfe.org.ar Centro Mexicano para la Filantropía (Cemefi): www.cemefi.org.mx Rede de organizações que dão suporte a doadores: www.wingsweb.org Centro Colombiano de Responsabilidad Empresarial (CCRE): www.ccre.org.co
Fundos públicos	Para ter acesso a informações detalhadas sobre os principais fundos públicos existentes no Brasil, consulte o *Manual de fundos públicos*, publicado pela Associação Brasileira de Organizações não Governamentais (Abong), também disponível em: www.abong.org.br.

(continua)

(Quadro 7.1 – conclusão)

Instituições multilaterais de financiamento	Organização das Nações Unidas (ONU): www.un.org Banco Mundial: www.worldbank.org Banco Interamericano de Desenvolvimento (BID): www.iadb.org
Instituições bilaterais de financiamento	As instituições bilaterais de financiamento operam principalmente por meio de acordos intermediados pela Agência Brasileira de Cooperação (ABC), vinculada ao Ministério das Relações Exteriores (MRE). O *Manual de orientação para formulação de projetos de cooperação técnica internacional (CTI)* e informações sobre a agência podem ser encontrados em: www.abc.mre.gov.br.

Fonte: Elaborado com base em Gets, 2002, p. 34–36.

(7.3) Captando recursos financeiros

Uma das principais preocupações e necessidades do terceiro setor é a captação de recursos. Outro aspecto que deve ser considerado é a segurança jurídica dessa atividade, que muitas vezes fica enfraquecida ou abalada. O desconhecimento da legislação e dos instrumentos legais aplicáveis e a falta de profissionais especializados na organização são fatores que devem ser observados.

Ressaltamos que o desconhecimento da natureza jurídica das relações entre fontes de recursos e organizações do terceiro setor pode resultar no descumprimento da lei, prejudicando a credibilidade, a transparência e a segurança jurídica das relações entre entidades do terceiro setor, fontes de recursos e a sociedade civil organizada. A seguir, apresentamos as principais formas de contratação de recursos (licitação, convênio, edital etc.).

Captação de recursos da esfera privada

Geralmente, a esfera privada destina recursos sob forma de doações, que podem ser realizadas por pessoa jurídica ou física e são estimuladas, na maioria das vezes, por incentivos fiscais. Além da doação, os recursos podem chegar sob forma de patrocínio. Vale lembrar que tanto as doações quanto os patrocínios são seguidos de contrapartida da instituição contemplada.

As doações podem ser assim classificadas:

- DOAÇÃO SIMPLES: ocorre quando uma pessoa, por generosidade, transfere bens ou vantagens de seu patrimônio para o de outra.
- DOAÇÃO MODAL OU COM ENCARGO: é o tipo de doação que exige a contrapartida (estabelecida no ato da doação ou especificada no projeto de captação).
- DOAÇÕES DE FUNDAÇÕES E INSTITUTOS EMPRESARIAIS: são as doações feitas por meio do investimento social privado, que tem como preocupação o planejamento, o monitoramento e a avaliação dos projetos. O repasse de recursos, de forma geral, é feito com a exigência de contrapartidas (encargos) e resultados.

Quanto ao patrocínio, trata-se, normalmente, da captação de recursos por meio de incentivo fiscal, que é utilizado pelo governo para estimular atividades específicas por prazo determinado. Esses incentivos são também importantes ferramentas para a solidificação da sustentação financeira das instituições sem fins lucrativos.

Captação de recursos do governo

Existem duas formas de captação de recursos por intermédio do Estado: formas indiretas de financiamento e formas e instrumentos diretos para captação de recursos.

- FORMAS INDIRETAS DE FINANCIAMENTO: imunidade tributária, isenção tributária e incentivos fiscais.
- FORMAS E INSTRUMENTOS DIRETOS PARA CAPTAÇÃO DE RECURSOS: contrato, convênio, contrato de gestão, termo de parceria, auxílios e subvenções.

Captação de recursos de fundações e organismos internacionais

Existem dois tipos de captação no que se refere a fundações e organismos internacionais: a cooperação bilateral e a multilateral.

A COOPERAÇÃO BILATERAL é realizada entre países, e os recursos ocorrem por meio físico, financeiro ou convênio.

A COOPERAÇÃO MULTILATERAL é feita sob a mediação de instituições internacionais, como Unesco, ONU, Banco Mundial etc. Algumas dessas instituições determinam em editais suas exigências para disponibilização de recursos.

De acordo com o Gets (2002, p. 20), e a internet é uma ferramenta importante para obter informações sobre captação de recursos:

> A internet é uma fonte muito abrangente de informações sobre o processo de captação de recursos. Ao pesquisar nos vários sites de busca, [...] é necessário tentar diversas formas como as expressões "mobilização de recursos" e "captação de recursos" e variações da palavra fundraising: fund raising, fund-raising, fundraising. Ao buscar expressões, lembre-se sempre de colocá-las entre aspas.

FONTE: GETS, 2002, P. 20.

Atividades

1. De que forma a elaboração de projetos sociais está relacionada à atividade de captação de recursos?

2. Qual é a diferença entre captar e mobilizar recursos no âmbito dos projetos sociais? Identifique quais são as principais fontes de recursos encontradas na sua região e descreva as formas de acesso a elas de acordo com o que você estudou neste capítulo.

(**8**)

Gestão de projetos sociais

Pedro Roque Giehl
Darlene Arlete Webler

Nos capítulos anteriores, aprendemos a elaborar projetos sociais com base em problemas concretos que desejamos superar, bem como sobre outras questões afins. Neste capítulo, vamos estudar os processos de gestão das organizações e dos projetos sociais em todos os seus fluxos e em seu desenvolvimento. Para isso, apresentaremos alguns conceitos e sua aplicação nos fluxos processuais.

(8.1) Do planejamento estratégico à administração estratégica de organizações e projetos

O conceito de *administração* foi muito difundido nas universidades e na sociedade como uma ciência ou arte multidisciplinar e, ainda, com muitas dimensões operacionais, que se relacionam com os processos decisórios e suas implementações nas organizações. As clássicas funções da administração são de interação dinâmica e mutuamente determinante, conforme a ilustração a seguir.

Figura 8.1 – Funções clássicas da administração

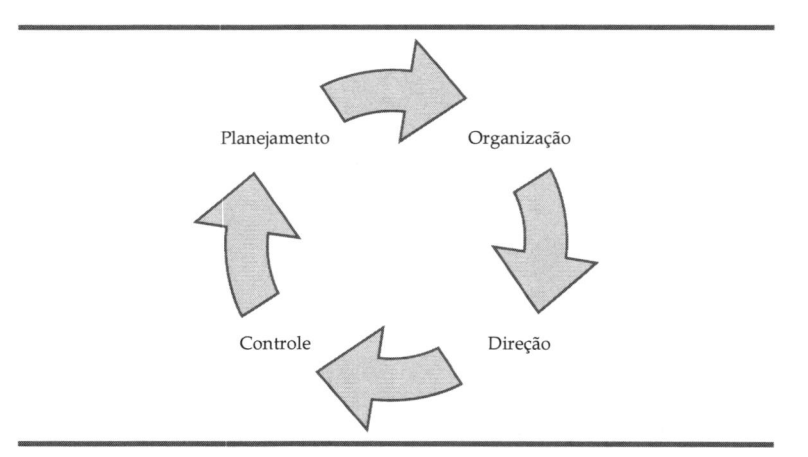

Planejamento — Organização — Direção — Controle

O sucesso ou o fracasso administrativo de uma organização, projeto ou ação depende fundamentalmente da articulação dinâmica das diversas funções, zelando-se pela eficiência dos processos, pela racionalidade dos recursos e pela efetividade dos resultados. A gestão estratégica depende da utilização integrada dessas quatro funções. Cada uma delas tem uma atribuição específica dentro do todo. A seguir, vamos examinar melhor cada uma dessas funções.

Planejamento

Como mostramos anteriormente, o planejamento estabelece as bases da estratégia a ser desenvolvida, bem como as diretrizes da gestão estratégica das organizações e as bases para os projetos. Entretanto, precisa ser efetivado com o envolvimento de todos os integrantes, que necessitam estar mobilizados na estratégia, seja de uma entidade pública ou privada, seja de uma rede de atores sociais, para que a diversidade esteja expressa na composição e não apareça na execução como elemento desagregador.

O planejamento prevê um diagnóstico situacional e a definição de missão, visão, valores e objetivos estratégicos da organização. São esses os elementos que dão a sustentação corporativa das entidades e a base orientadora para os projetos.

As concepções de planejamento têm sido modificadas significativamente, encurtando-se as noções de médio e longo prazos e trabalhando-se mais a noção de gestão de estratégias do que a de eixos fechados de ação. De acordo com Giehl (2003), isso é importante para todas as organizações, porque as realidades alteram-se rapidamente e nenhuma com estratégia estagnada se viabiliza nesse contexto.

Organização

A função de organização corresponde à definição e à implementação dos sistemas de decisão e comunicação e, ainda, à responsabilidade e à autoridade de estruturar o funcionamento dentro das estratégias definidas no planejamento. Também é dela o papel de garantir o funcionamento e a prática da operacionalização estratégica. De certa forma, a organização corresponde ainda a uma condição de ajuste dos aspectos do planejamento para que a implementação possa ocorrer. Por isso, é fundamental que os responsáveis pela implantação estejam devidamente envolvidos e sensibilizados com os processos de definição e planejamento.

No caso de projetos sociais, essa visão de gestão também é essencial. Muitos erros de organização ocorrem porque quem delibera pela estratégia dos projetos não são os mesmos que cuidam da implementação e gestão operacional. Isso é agravado em organizações ou redes sociais nas quais a condição de hierarquia e autoridade esteja colocada de forma mais frágil.

A função organizativa é tão vital para os processos administrativos que dá a identidade aos empreendimentos e projetos. As decisões precisam ser tomadas e as condições de implementação devem ser garantidas e efetivamente ocorrer. Nenhum plano ou projeto, por melhor que seja, resiste à desorganização administrativa e gerencial.

Direção

À função de direção cabe realizar a coordenação, direcionando as atividades dos integrantes da organização ou projeto dentro do que foi planejado e organizado. É nessa função que o administrador precisa demonstrar mais talento de liderança para motivar e orientar os integrantes das equipes. A ausência de liderança representa também a baixa capacidade organizativa e a paralisia do plano estratégico.

Nas entidades da sociedade civil (ou sociais), a ausência de liderança ou o alto índice de disputa interna desqualificada gera muitas vezes a "hibernação organizativa", em que as decisões estratégicas são adiadas e os fluxos operacionais não acontecem. A paralisia dos projetos é inevitável nessas circunstâncias e estes tendem a perder credibilidade em razão de decurso de prazos, metas descumpridas, relatórios não apresentados, avaliações não realizadas ou não sistematizadas, entre outros fracassos. É por isso que a direção dos empreendimentos e organizações, independentemente de que finalidade tenham, precisa cuidar bem dos seus processos decisórios e de fluxo de poder e direção. Quanto mais participativos e legitimados forem os processos decisórios, mais cooperação e compromisso tenderão a gerar.

Portanto, direção forte não pode ser confundida com autoritarismos ou personalismo de poder. Também não pode ser encarada como processo de democratismo, em que as decisões demoram ou não acontecem. A direção adequada é aquela que tem a agilidade conjugada com a legitimidade e a participação efetiva. Nesse sentido, há necessidade de constituir instâncias de poder decisório que sejam "despessoalizadas" e com fluxos transparentes, de forma que todos os integrantes da organização ou do projeto as reconheçam como legítimas e se orientem por elas, mesmo que não participem diretamente da decisão.

Os processos decisórios participativos se consolidaram no Brasil e em vários outros países como valor em si e como eficiência decisória. As ferramentas para isso se aperfeiçoaram e os parâmetros também evoluíram. Há algumas décadas, as decisões eram tomadas pela maioria; hoje, busca-se a concertação[a] de posições. Em muitas organizações, as direções representam a proporcionalidade de posições, trazendo para elas as divergências e, com isso, enriquecendo os processos decisórios. Isso está moldando novas concepções de direção, em que a pluralidade e a divergência convivem mais naturalmente. Mesmo em processos decisórios com maior coesão interna, tende-se a ouvir as posições externas para tomar as decisões de forma mais acertada. Contudo, a divergência não pode impedir a decisão e a direção.

Controle

O controle é outra função central dos processos administrativos. Ele apresenta dois sentidos nos processos administrativos e organizacionais: a função de realizar a gestão racional, contendo os custos e tornando transparentes e honestos os fluxos financeiros das organizações e projetos, e a função de avaliar os resultados alcançados.

---

a. *Concertação* refere-se à harmonização de entendimentos, interesses e vontades para que as posições sejam mais esclarecidas e expressivas da vontade da maioria ou, sempre que possível, de todos os envolvidos. O termo *concerto* tem relação com harmonização de tons em busca da sinfonia perfeita.

Ambas têm importância fundamental para o bom desenvolvimento das organizações e dos projetos.

Nas organizações, os resultados verificados (ou o desempenho alcançado) servem de parâmetro fundamental para os (re)direcionamentos estratégicos futuros e, por isso, são apontados como a função que fecha o círculo. A avaliação de resultados possibilita o (re)planejamento estratégico das entidades, antecipando a correção de rumos, se for o caso.

Nos projetos sociais, o controle é fundamental e, além de cumprir as funções já elencadas, dá credibilidade e estabilidade referencial aos projetos. Estes, mais do que as organizações, têm foco imediato nos resultados e somente se justificam neles. Por isso, é fundamental a todo projeto ter um bom e ágil sistema de controle focado nos resultados. Isso permitirá orientar a avaliação processual e do desempenho e acumulará bagagem para futuros empreendimentos.

No caso de projetos sociais financiados por entidades públicas, o sistema de controle precisa ser mais complexo e eficaz para demonstrar, em todos os custeios e investimentos, o atendimento aos princípios constitucionais da Administração Pública.

Para desenvolver processos de controle eficazes, é necessário implantar um sistema de monitoramento baseado em indicadores de desempenho para verificar, em cada etapa, se o que foi planejado está sendo alcançado e se o processo está sendo coerente. Isso significa medir o resultado e compará-lo com o desempenho-padrão estabelecido ou o alcançado por outros atores ou em outros projetos ou processos. No próximo capítulo, examinaremos especificamente os processos de avaliação de projetos sociais.

Essas clássicas funções administrativas passaram a ter uma nova referência com base nas concepções de administração estratégica, surgida na década de 1980, para fazer frente à dinâmica de rápidas e permanentes transformações dos fatores referenciais e dos cenários. Nesse processo, a sistemática de planejamento estratégico evolui para um sistema de administração em que se conjugam o olhar nos referenciais estratégicos, projetados para prazos futuros, e o olhar sobre a realidade constantemente dinâmica. Dessa forma, os referenciais estratégicos são permanentemente testados.

Assim, as funções administrativas passam por novas referências, que apresentamos na ilustração a seguir.

Figura 8.2 – As funções administrativas como referência da administração estratégica

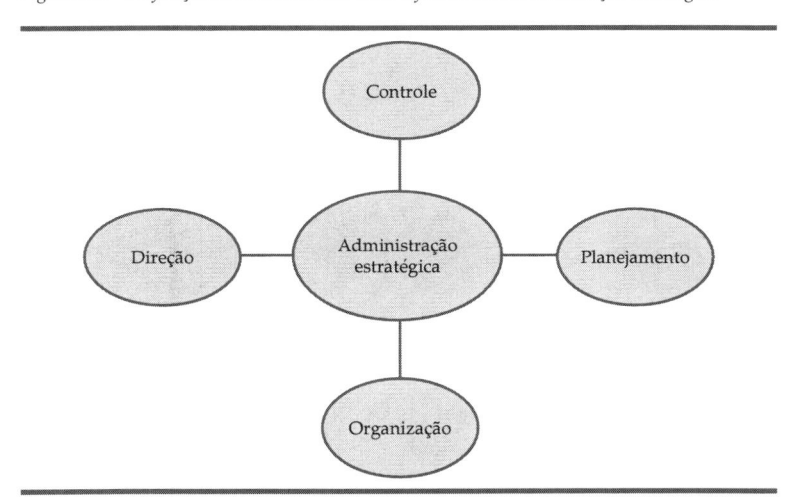

```
                    ┌──────────┐
                    │ Controle │
                    └─────┬────┘
                          │
  ┌─────────┐    ┌────────┴────────┐    ┌──────────────┐
  │ Direção │────│  Administração  │────│ Planejamento │
  └─────────┘    │   estratégica   │    └──────────────┘
                 └────────┬────────┘
                          │
                    ┌─────┴──────┐
                    │ Organização│
                    └────────────┘
```

Essas mudanças, geradas com a mundialização da economia e das relações sociais, atingiram todas as organizações e suas relações com o contexto, exigindo decisões e posições mais claras, ágeis e comprometidas. Os projetos sociais são atingidos pela mesma dinâmica, ou seja, precisam se afirmar pelos resultados e pela geração de diferenciais.

(8.2) Gestão estratégica de projetos sociais

Como já mencionamos, o desenvolvimento de ações sociais por meio de projetos pensados estrategicamente oferece várias vantagens no atual contexto. Eles estabelecem de forma evidente e objetiva a direção e o alcance das ações no futuro e, com isso, possibilitam indicar a concentração de esforços e a mobilização de recursos. Conforme

Lück (2003, p. 31), "esta prática garante também agilidade e flexibilidade na consecução dos resultados definidos pelo planejamento, o que não ocorre nos planos globais de ação, que têm por objetivo definir intenções globais".

Contudo, no que se refere a organizações sociais, devemos ter cuidado para não pulverizar as ações em múltiplos e/ou pequenos projetos, de modo a criar um leque multifacetado de frentes de ação, diluindo a atenção e gerando a fragmentação das ações. A gestão racional dos projetos requer as condições organizacionais e diretivas para se concretizar. E, no centro disso, está a visão do todo da organização, do contexto e do projeto.

A falta de uma visão adequada do todo costuma provocar resultados negativos que podem comprometer seriamente os projetos e as entidades, a saber:

- frustração das equipes diante da diversidade das ações, com pouca relação e resultados aquém das expectativas;
- superficialidade de ações, que impede a promoção de mudanças significativas internas e externas;
- desconcentração e desgaste de energias e sinergias que podem comprometer outros projetos;
- pulverização das atenções, prejudicando processos vitais, como a avaliação e a sistematização das experiências;
- orientação reativa, em vez da prospectiva e estratégica, submetendo os projetos às oscilações e dinâmicas do contexto;
- incapacidade de uma orientação efetiva para os resultados, pois isso somente é possível com o claro direcionamento estratégico.

Muitos projetos surgem como resultado da especificação e detalhamento de ações de outros projetos. Isso pode ocorrer até mesmo pela valorização de objetivos específicos durante a execução. Nesses casos, há necessidade de cuidar das condições para sua efetivação para que não ocorram a fragmentação e a dispersão das energias, anteriormente frisadas. Nesse sentido, é preciso atentar principalmente para a importância dos seguintes aspectos:

- Equipes suficientes e com a competência e determinação para executar os novos projetos;
- Estabelecimento e manutenção da articulação contínua entre os projetos em uma relação de unidade e/ou continuidade em rede;
- Promoção e fomento do espírito de equipe entre os participantes dos diferentes projetos da mesma organização e de relações de parceria e cooperação com outras entidades;
- Estabelecimento de acordos para o respeito às prioridades e às questões essenciais das temáticas sociais a serem tratadas pelos projetos;
- Discussão e análise das questões estratégicas de continuidade e futuro dos projetos para além das questões operacionais.

A gestão estratégica de projetos requer esse conjunto de atenções. Contudo, devemos ainda diferenciar a gestão de organizações da gestão estratégica de projetos. Para isso, precisamos diferenciar os processos de planejamento das organizações por níveis hierárquicos e situar neles os projetos.

Os planejamentos das corporações costumam ser hierarquizados por níveis estratégicos e responsabilidades no fluxo decisório interno e nas relações externas. A participação no processo costuma ocorrer de acordo com o nível de responsabilidade e envolvimento, mas depende muito das relações internas de poder e da cultura organizacional.

Os níveis hierárquicos de planejamento e gestão das organizações costumam ser classificados em estratégicos, táticos e operacionais, embora na prática essa separação nem sempre ocorra de forma clara.

Para entender melhor esses níveis, vamos caracterizá-los brevemente, tendo como referência o estabelecimento e a gestão dos objetivos.

- PLANEJAMENTO ESTRATÉGICO: está relacionado com os objetivos de longo prazo e com as estratégias e ações que afetam a organização como um todo. No centro desse processo está a preocupação com a eficácia, a eficiência e a efetividade organizacional.
- PLANEJAMENTO TÁTICO: está relacionado aos objetivos de médio prazo e às estratégias e ações que afetam parte da organização. Nesse nível, planejam-se os subsistemas organizacionais ou as

áreas, departamentos ou gerências das entidades em conjunto ou separadamente.

- Planejamento operacional: trata dos objetivos de curto prazo e das estratégias e ações ligadas ao nível hierárquico mais baixo da organização. Esse planejamento afeta apenas partes dos subsistemas operacionais. Nesse nível, estão situados os planos de ação ou planos operacionais.

A ilustração a seguir evidencia a relação entre esses três níveis.

Figura 8.3 – *Níveis hierárquicos de planejamento*

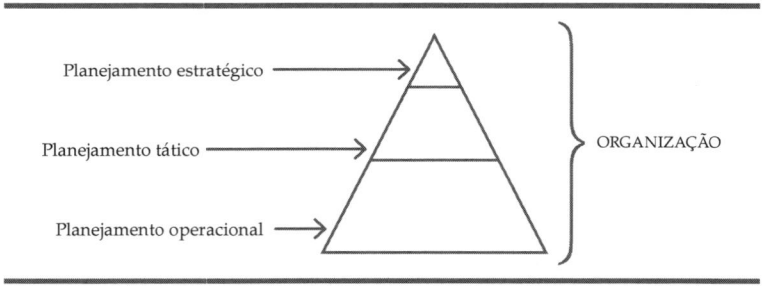

Planejamento estratégico

Planejamento tático ⎫
⎬ ORGANIZAÇÃO
Planejamento operacional ⎭

Fonte: Pacheco, 2007, p. 56.

A hierarquização não pode ser entendida como absoluta para todas as organizações. De fato, estima-se que a maioria delas realize os planejamentos nos níveis estratégico e operacional, descartando o tático. Esse nível intermediário é administrativamente necessário nas grandes corporações de alta complexidade interna e/ou relações externas altamente diversificadas.

De modo geral, as organizações costumam ter um plano estratégico e vários planos operacionais ou de ação. Estes costumam ter alcance em objetos e tempo bem mais restritos e uma capacidade de definição e redefinição mais ágeis. No entanto, são esses planos que dão a concretude operacional e a capilaridade organizativa necessária.

A maioria dos projetos entra no nível da estratégia operacional das organizações, mas pode também ter objetivos estratégicos e levar à redefinição das estruturas e dos fluxos decisórios da própria corporação, quando se trata de projetos de inovação interna ou criação externa. Portanto, o nível hierárquico de planejamento e gestão não necessariamente retrata as relações de poder nas organizações.

Os projetos sociais não são diferentes disso. Quando estão dentro de organizações, eles podem estar no nível operacional, intermediário ou estratégico, dependendo dos objetivos que buscam atingir.

A gestão de projetos precisa ter a capacidade de lidar com a diversidade das relações e das operações, sem perder o foco em elementos estruturadores do projeto, como o objetivo geral e os objetivos específicos; as metas e os indicadores de resultados; o cronograma; a estrutura e o orçamento; a estrutura e as relações internas e externas das pessoas envolvidas. A gestão requer a capacidade de manter uma visão do todo e dos detalhes com foco estratégico, o que se constitui em função e tarefa difíceis, pois a tendência é cuidar de um ou outro de forma excludente ou, ainda, maximizar um em detrimento do outro, quando a necessidade é manter uma dinamicidade organizativa que articula e condiciona mutuamente um ao outro.

Nesse sentido, é importante ter e manter em funcionamento os fóruns e instâncias de avaliação, monitoramento e gestão de fluxos, processos e estruturas. Nesses fóruns, deve-se envolver os participantes com protagonismo e poder real de decisão para que os projetos possam experimentar o grau máximo de empoderamento ativo de seus membros: a autogestão. Isso pode ser visto na ilustração a seguir.

Figura 8.4 – Níveis de participação na autogestão

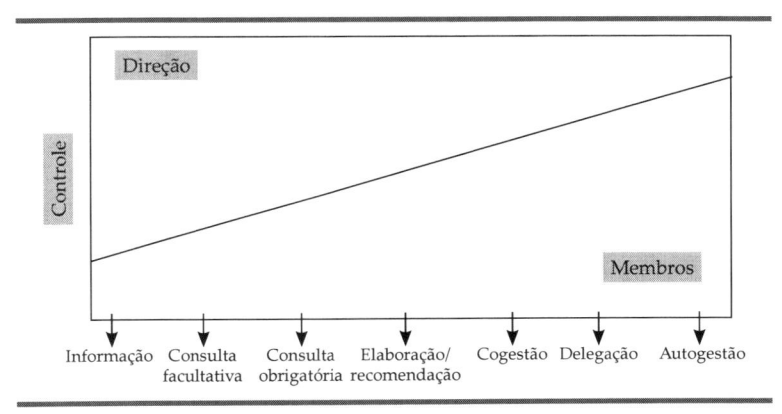

Direção

Controle

Membros

Informação | Consulta facultativa | Consulta obrigatória | Elaboração/recomendação | Cogestão | Delegação | Autogestão

FONTE: ADAPTADO DE BORDENAVE, CITADO POR HEERDT; HEERDT, 2006, P. 10.

A autogestão é o grau mais elevado de participação ativa dos membros da organização ou dos participantes de um projeto. Nela há processos que fomentam a transparência e motivam e incentivam a participação nos processos decisórios. Tende a ser o melhor modelo de gestão e controle de projetos sociais porque proporciona alto grau de mobilização participativa, comprometimento e empoderamento[a] dos participantes. Ademais, os projetos sociais têm também função e papel pedagógico de engajar e transformar os sujeitos envolvidos. Por isso, é essencial que se busque potencializar a participação como forma de proporcionar a maximização dos resultados nos processos e nas metas objetivadas.

Entretanto, a democracia não pode inviabilizar os processos decisórios, que precisam ocorrer focados nos resultados. Para isso, é necessário que existam mecanismos participativos e instâncias deliberativas, expressões da diversidade e complexidade organizativa. Em muitos casos, há representação da população beneficiada nos conselhos deliberativos e fiscais ou audiências públicas para discutir as metas, prestar contas e realizar a avaliação dos projetos. Isso, somado a mecanismos de avaliação externa, torna a gestão bastante transparente e comprometida com a finalidade, a realidade e a vontade das comunidades envolvidas.

(8.3) Gestão de entidades e projetos sociais

O novo Código Civil brasileiro registrou um conjunto de conquistas para a auto-organização da sociedade civil, reconhecendo diversas formas de organização em entidades e de redes de organizações e

---

b. *Empoderamento* significa o ato de delegar, garantir, proporcionar legitimamente "poder" de decisão a membro(s) envolvido(s) em determinado processo. Distintamente, *apoderamento* significa apropriar-se, apoderar-se, tomar o poder para si.

indivíduos. Institucionalizou também vários mecanismos de controle e transparência das entidades, incorporando a democracia como natureza das instituições de caráter sociocultural, aproximando-as dos princípios da Administração Pública. Mesmo assim, o poder centralizado e o autoritarismo – o que, muitas vezes, é chamado de *centralismo presidencialista* – ainda prevalecem nas organizações, e os espaços de participação ainda são muito restritos e formalizados. São poucas as organizações que têm mecanismos consultivos ou deliberativos formados por não sócios e populações atingidas ou beneficiadas por suas ações.

A seguir, apresentamos os mecanismos clássicos de participação interna das organizações associativas, cooperativas, sindicais, pastorais, estudantis etc. por grau de poder e responsabilidade.

- ASSEMBLEIAS GERAIS DE ASSOCIADOS podem ser:
  - ORDINÁRIAS: são realizadas uma vez por ano, em tempo hábil para o cumprimento das questões formais do exercício fiscal. Nelas ocorrem a prestação de contas e o balanço do exercício anterior, a projeção dos programas, projetos, ações e metas do próximo exercício e a eleição dos integrantes das instâncias deliberativas e de fiscalização (ao final do mandato estabelecido no estatuto).
  - EXTRAORDINÁRIAS: são realizadas tantas vezes quantas forem necessárias pela direção da entidade (ou um número mínimo de associados estabelecido pelo estatuto, sob a recusa da direção em convocar) e podem deliberar sobre todos os assuntos pertinentes desde que constantes em edital de convocação. Nessas assembleias, costuma-se aprovar novos associados e planejamentos estratégicos, deliberar sobre programas, projetos e/ou estruturas, alterar os estatutos sociais etc.
- CONSELHO ADMINISTRATIVO: é formado por associados eleitos em processo formal, com mandato e atribuições estabelecidos pelo estatuto social. Cabe a ele realizar a direção e administração da organização, com a participação de todos ou a composição de uma equipe executiva para as funções operacionais. Muitas entidades

adotam a dinâmica de criação de grupos de trabalho (GTs) temáticos com ou sem a participação de sócios de fora do conselho e/ou não sócios com notória contribuição profissional ou voluntária.

- CONSELHO FISCAL: é formado por associados eleitos formalmente para um mandato e atribuições também definidos no estatuto social. Ele tem a tarefa central de verificar as cotas e os desempenhos contábil e financeiro, zelando pela honestidade e racionalidade das contas e do fluxo de gestão. Recentemente, tem sido a instância que adquiriu poder nas entidades sociais, principalmente naquelas que operam convênios com recursos públicos ou desejam atingir ou manter o *status* de organização da sociedade civil de interesse público (Oscip), cujo reconhecimento passa por instituições públicas e é condição necessária para muitas parcerias em projetos.

Além dessas instâncias clássicas e formais de participação interna, as entidades podem incorporar outras instâncias de participação deliberativa ou consultiva. Muitas estão evoluindo para formas dinâmicas e ágeis de consulta e construção decisória participativa, que possibilitam ao público envolvido ou beneficiado expressar de maneira mais ampla sua visão e suas concepções. Estas se inspiram em uma lógica cidadã de pertença à sociedade, e não aos associados da organização.

Os fluxos decisórios dos projetos sociais dependem muito de sua alocação organizacional. Quando são desenvolvidos por organizações sociais, seguem as rotinas e instâncias decisórias destas com a representação interna que têm. Podem ser projetos estratégicos, táticos ou operacionais das entidades. Quando são projetos executados em rede de entidades, as instâncias deliberativas são estabelecidas nos termos de cooperação e parceria, comumente formados por conselhos paritários com ou sem a participação das populações envolvidas ou beneficiadas. Quando são projetos sociais de indivíduos ou familiares, os processos decisórios e as instâncias operacionais tendem a se apresentar de forma simplificada, da mesma forma que a dinâmica de funcionamento dos fóruns consultivos e a repercussão de suas ações.

Portanto, os modelos de gestão e os processos decisórios dos projetos sociais estão sintonizados com o contexto no qual se inserem e com as organizações a que se vinculam, trazendo o contágio das circunstâncias e das culturas e relações organizacionais envolvidas. Como não há padrão único de elaboração e desenvolvimento de projetos, também não há modelos fechados ou padronizados de gestão. O que cabe é ter uma conjugação de princípios aplicáveis às diversas realidades: orientação nos objetivos, metas e resultados (lembramos mais uma vez que o processo é parte desse resultado); racionalidade e eficiência na gestão de recursos e estruturas; promoção da participação e do empoderamento protagonista dos envolvidos; aprendizagem constante e sistematização das avaliações e dos resultados obtidos, entre outros.

Esses princípios podem orientar a necessária criatividade na formulação, no desenvolvimento e na gestão que a ação social por meio de projetos deve ter.

Atividade

1. Marque V para as alternativas verdadeiras e F para as falsas:
   ( ) A autogestão é a forma mais autoritária de administrar uma organização.
   ( ) A administração estratégica é um importante avanço nos processos de planejamento e gestão, no atual contexto que exige baixa inovação.
   ( ) A ausência de liderança e a disputa interna nas organizações não levam à "hibernação organizativa" de projetos porque estes têm vida própria.
   ( ) As clássicas funções da administração (planejamento – organização – direção – controle) são mutuamente independentes nas organizações e nos projetos.
   ( ) A mundialização da economia e das relações socioculturais atingiu fortemente as organizações, mas não os projetos sociais, porque estes tratam de problemas específicos.

(9)

Avaliação e resultados

Miguelangelo Gianezini é graduado em Ciências Sociais pela Universidade Regional de Blumenau (Furb), tem especialização em Recursos Humanos pela Escola Superior Aberta do Brasil (Esab) e mestrado em Ciências Sociais Aplicadas pela Universidade do Vale do Rio dos Sinos (Unisinos). Atuou na área de docência no ensino fundamental e médio e na educação superior e na área de gestão com elaboração e avaliação de projetos sociais para prefeituras. Atualmente, cursa o doutorado pela Universidade Federal do Rio Grande do Sul (UFGRS) e atua na avaliação de projetos educacionais como avaliador institucional do Ministério da Educação.

Miguelangelo Gianezini

No penúltimo capítulo, abordaremos um importante tema correlato à elaboração de projetos sociais. Trata-se da avaliação e do monitoramento, ações que podem ocorrer nos momentos de aprovação, de acompanhamento da implementação e da mensuração dos resultados de um projeto social. Inicialmente, apresentaremos uma síntese da relação entre o momento de formulação ou elaboração de projetos sociais, já vistos no decorrer deste livro, e o da avaliação e monitoramento deles. Em seguida, trataremos dos conceitos de avaliação e monitoramento, em suas formas "puras" e "aplicadas" aos projetos sociais, baseando-nos nas experiências e definições de autores consagrados nessa área. Também apresentaremos um quadro com as tipologias de avaliação, ou seja, os tipos de projeto propostos e os respectivos critérios de avaliação. Por fim, discutiremos algumas noções, como perspectivas indicativas dos demais elementos trabalhados no livro, sobre avaliação e monitoramento de projetos sociais.

(9.1) Elaboração e avaliação: momentos distintos e complementares

Neste livro, estudamos a formulação ou elaboração, entendida como a etapa na qual se identifica o problema e se delineiam as alternativas de um projeto, ou seja, as opções tecnicamente viáveis para sua solução. Neste capítulo, abrimos espaço para algumas noções sobre a avaliação como atividade que possibilita decidir sobre a conveniência de executar o projeto e escolher a melhor alternativa para monitorá-lo e observar seus resultados.

Com isso, de acordo com o *Manual de formulação e avaliação de projetos sociais* – elaborado em 1997 no âmbito do Programa Conjunto sobre Políticas Sociais para a América Latina (Proposal) –, podemos afirmar que "a formulação e avaliação são as duas faces de uma mesma moeda" (Cepal, 1997, p. 9).

Nos dias de hoje, é de fato temeroso formular um projeto social sem que se saiba como este será avaliado, pois somente com base na metodologia de avaliação é possível determinar o grau de qualidade dele.

Em outras palavras, a avaliação e o monitoramento podem ser considerados distintos, mas também relacionados e complementares, uma vez que a avaliação serve de ponto de referência para a reformulação de um projeto ou elaboração de novos projetos, "permitindo medir os custos e o impacto (ou os benefícios) dele, assim como as relações existentes entre ambos" (Cepal, 1997, p. 9).

(9.2) Noções puras e aplicadas de avaliação e monitoramento

Em nosso cotidiano, a avaliação está cada vez mais presente e podemos afirmar que faz parte da nossa rotina, visto que realizamos julgamentos de vários tipos nos mais diversos ambientes de convívio social, mesmo que não consideremos essa ação um "procedimento de avaliação".

No que se refere ao monitoramento, também podemos dar um exemplo de nosso dia a dia: mais do que "acompanhar os estudos" de nossos filhos, podemos monitorar seu desempenho escolar durante o ano letivo.

Além disso, avaliação e monitoramento podem ser definidos por seus conceitos puros ou aplicados a alguma área do conhecimento.

Das formas puras

De maneira geral, considerando as experiências e estudos deste início de século, podemos afirmar que a bibliografia sobre avaliação e monitoramento é relativamente ampla em muitas áreas, englobando múltiplos conceitos e concepções.

Quanto ao termo *avaliação*, percebemos que ele ainda é considerado bastante vasto, abrangendo julgamentos e definições de diversas naturezas. Talvez essa heterogeneidade ocorra pelo fato de seu significado ter passado por uma evolução que partiu do interesse pela medição quantitativa da obtenção ou não de objetivos específicos para a preocupação com o desempenho, a definição de responsabilidade e a imparcialidade, com a utilização dos resultados, ressaltando-se, em especial, a noção de julgamento de mérito.

De acordo com dois renomados professores latino-americanos – o economista argentino Ernesto Cohen e o sociólogo uruguaio Rolando Franco –, o que define a avaliação é a ênfase na objetividade, a informação suficiente e a utilização de métodos rigorosos para chegarmos a resultados válidos e confiáveis (Cohen; Franco, 2007).

No que se refere a *monitoramento*, observamos que consiste – segundo Paes-Sousa, Rodrigues e Vaitsman (2006, p. 21) – "no acompanhamento contínuo, cotidiano, por parte de gestores e gerentes, do desenvolvimento dos programas e políticas em relação a seus objetivos e metas".

Dessa forma, trata-se de um momento na esfera da gestão de determinado projeto social no qual se torna possível municiar os gestores deste com dados e informações que possibilitem corrigir, se necessário, detalhes no andamento do projeto.

Da aplicação aos projetos sociais

Quando aplicamos esses termos à nossa temática dos projetos sociais, percebemos que avaliação e monitoramento podem ser realizados por meio de estudos específicos que visem analisar a eficiência, a efetividade, a relevância, os resultados, os impactos ou, ainda, a sustentabilidade de políticas e projetos sociais. De acordo com o que foi definido em seus objetivos, ambos buscam melhorar as atividades em andamento e dar subsídios para o planejamento, a programação e a tomada de decisões futuras.

Essas decisões podem ser tomadas para o desenvolvimento de "ações" sociais (de forma ampla e subjetiva), de programas sociais (mais bem estruturados, mas com grande abrangência e maior dificuldade de regulação) e de projetos sociais (que podem fazer parte dos programas, sendo instrumentos mais focados e objetivos e, por consequência, mais eficazes).

Complementando essa definição no contexto de nossa temática, consideramos importante destacar que o papel da avaliação precisa ir além da fiscalização ou do controle, englobando também uma reflexão que deve ser feita com todos os envolvidos no processo.

Para os autores referenciais da temática (Chianca; Mariano; Schiesari, 2001), este é especificamente o papel da avaliação: ensejar reflexões que propiciem um direcionamento das ações dos envolvidos por meio de uma compreensão do contexto no qual se dão suas experiências.

O monitoramento, por sua vez, relaciona-se diretamente com a gestão administrativa e consiste em um exame contínuo ou periódico durante a etapa de operação do projeto.

O monitoramento se realiza com vistas a controlar o cumprimento dos prazos das atividades programadas, assim como a provisão de insumos para determinar se foram recebidos a tempo, em quantidade, qualidade e preço previstos e se os produtos cumpriram com as especificações (em quantidades, qualidade e tempo) em função da programação prevista.
(Cepal, 1997, p. 13)

Desse modo, a avaliação e o monitoramento de programas e projetos sociais têm assumido um papel de destaque como objeto de contínuo aperfeiçoamento em seu entendimento e aplicação.

(9.3) Tipos de avaliação e modelos propostos

De acordo com o propósito da avaliação, é possível compreendê-la e classificá-la, segundo o foco ou objeto, quanto à lógica que orienta sua concepção, à ênfase metodológica ou a outros critérios com que escolhemos trabalhar.

Com a finalidade de esquematizar as noções das tipologias de avaliação, adotamos uma classificação fundamentada na proposta da socióloga e professora Maria das Graças Rua (2007), sintetizada no quadro a seguir.

Quadro 9.1 – Tipos e critérios de avaliação de projetos

CRITÉRIOS DE AVALIAÇÃO	TIPOS DE AVALIAÇÃO
Segundo o momento em que se realiza (e os objetivos que persegue)	Ex-ante (de situação e de projeto)
De meio-termo (de processos, de qualidade e de satisfação)	Ex-post (de resultados)
Segundo a procedência dos avaliadores (quem realiza a avaliação)	Externa
	Interna
	Mista
	Participativa
	Por pares
Segundo a função da avaliação	De conformidade
	Somativa
	Formativa

FONTE: ADAPTADO DE RUA, 2007.

Essa proposta de classificação diferencia onze tipos de avaliação de acordo com três critérios – o momento em que se realiza, a função da avaliação e a procedência dos avaliadores.

(9.4) Etapas avaliativas em perspectivas

Com as considerações das seções anteriores, percebemos que a aplicabilidade dos conceitos nos faz entender esse momento como a elaboração, negociação e aplicação de critérios explícitos de análise, em um exercício metodológico importante, que visa conhecer, medir, determinar ou julgar o contexto, mérito, valor ou estado de determinado projeto social, a fim de estimular e facilitar processos de aprendizagem e de desenvolvimento de pessoas e organizações envolvidas neles.

Observando essas considerações, buscamos organizar e apresentar o processo de avaliação de forma objetiva. Para isso, optamos pelo modelo de planejamento, execução e análise/divulgação dos resultados da avaliação proposto por Chianca, Mariano e Schiesari (2001), cujas principais etapas apresentamos a seguir.

A primeira etapa é a do planejamento, na qual estão contidos:

- Estudo da viabilidade, com a determinação dos interessados, de quem deve conduzir, como selecionar os avaliadores, por que e quando avaliar;
- Esclarecimento de objetivos da avaliação e análise do contexto: determinação do que avaliar e mapeamento do contexto político envolvido (relações de poder, interesses);
- Identificação e seleção de perguntas avaliativas;
- Identificação de indicadores – índices relacionados às perguntas avaliativas;
- Seleção de fontes e métodos de informação – determinação de amostras, métodos de análises de dados e forma de comunicação dos resultados obtidos na avaliação.

A etapa seguinte é a de execução da avaliação, em que:

- devemos atentar para aspectos políticos e éticos durante a avaliação e não permitir que valores individuais e interesses a influenciem;
- quanto à coleta de dados, devemos sempre testar os instrumentos de coleta, capacitar profissionais que coletam os dados, fazer cópia dos dados coletados, checar dados anotados, focar a simplicidade, buscar sempre incluir mais de uma fonte de informação e método de coleta de dados no estudo e procurar combinar métodos qualitativos e quantitativos;
- quanto aos métodos, devemos procurar combinar os seguintes: análise de documentos; observação, questionários; entrevistas individuais; entrevistas por telefone; e entrevistas em grupo.

A terceira etapa, a de análise de resultados, envolve:

- O manuseio e interpretação de dados quantitativos (frequências, médias, desvios-padrão e quantidades) e dados qualitativos (agrupamento de respostas em categorias e análises de campo).

A última etapa, a de divulgação e utilização dos resultados, é composta por:

- Elaboração de relatórios para cada público de interesse envolvido no processo;
- Elaboração dos constituintes principais dos relatórios de avaliação – resumo executivo e introdução;
- Descrição do foco de avaliação, metodologia, resultados, conclusões, recomendações e anexos.

Por fim, deve ocorrer a avaliação da avaliação, com uma análise crítica do processo de avaliação, de modo a ponderar sobre pontos fortes, dificuldades e pontos a melhorar no processo como um todo.

Após a apresentação dessas etapas, podemos concluir que os processos avaliativos devem ter uma abordagem pluralista, que envolva aspectos qualitativos e quantitativos, e devem ser centrados nas relações entre o sistema de ação e a lógica dos atores. Estes, ao se envolverem, enriquecem os processos mencionados. Além disso, é importante criar um sistema diversificado de indicadores, combinando conceitos, meios de coleta e diferentes responsáveis.

Atividades

1. Qual é a diferença entre o momento de elaboração e o de avaliação e monitoramento de projetos sociais?

2. Cite um exemplo de avaliação ou monitoramento em sua forma "pura" e outro em sua forma "aplicada".

(10)

Sistematização de projetos sociais

Pedro Roque Giehl
Darlene Arlete Webler

Chegou a última etapa, é a hora de tratarmos da sistematização nos projetos sociais, cujos conceitos e demais etapas foram estudados ao longo dos capítulos anteriores. Sistematizar é uma das questões fundamentais e está relacionada com o registro e a documentação das diferentes etapas de elaboração, execução e avaliação do projeto, bem como dos aspectos relacionados aos sujeitos e às organizações sociais proponentes e participantes.

(10.1) O que é sistematizar?

A noção de *sistematização* refere-se à ação ou ao efeito de sistematizar, que, por sua vez, articula-se à arte ou ciência de reduzir conhecimentos, noções, princípios, classes de seres etc. a um plano organizado ou, simplesmente, a um sistema. Esse termo, na perspectiva das ciências naturais, em geral, remete à ideia de partes que funcionam de forma interligada entre si, formando um corpo único – supostamente coeso e linear. Na perspectiva das ciências sociais e humanas, de modo geral, o termo vincula-se ao conjunto de elementos inter-relacionados em vista de uma finalidade, um método, um corpo doutrinário, uma teoria ou uma forma de governo em que o aspecto social está presente.

Neste texto, as noções de *sistematização* e *sistema*, vinculadas a um entendimento sócio-histórico, relacionam-se à concepção de síntese, organização e documentação das ideias e práticas de sujeitos sociais, que constantemente são permeadas por concepções contraditórias e não lineares. Nessa linha, fazer a sistematização de um estudo significa delimitar seu eixo temático, desdobrar as questões fundamentais e apresentar exemplos e avaliações. Por exemplo, fazer a sistematização de uma visita implica descrevê-la indicando aspectos transversos, como os sujeitos visitantes e os visitados, suas intenções e impressões. Fazer a sistematização de um projeto social supõe apresentar uma síntese analítico-descritiva de cada uma das etapas da elaboração, considerando-se os sujeitos sociais envolvidos e documentando-se cada passo executado (descrição de reuniões gerais e grupos, atas, relatórios, fotos, gráficos de indicativos gerais etc.). Dessa forma, a sistematização de um projeto social, além da documentação do histórico de execução e avaliação deste, é um importante instrumento para observar acertos e estrangulamentos do processo, constituindo-se essencialmente em um aprendizado para os sujeitos e organizações sociais. Salientamos que, nesse processo de intervenção sobre a realidade social por meio da execução de um projeto, além dos sujeitos atingidos, também os sujeitos executores se transformam.

(10.2) Sujeitos e organizações

Na sistematização de um projeto social, é fundamental que a organização proponente seja identificada. Isso significa informar quem são os indivíduos que a compõem, qual é a razão social dessa instância organizativa, seus eixos norteadores e sua experiência de atuação social; enfim, trata-se de fazer um breve relato histórico da organização proponente, possibilitando que os leitores tenham uma visão geral sobre ela e reconheçam relações entre ela, a realidade e o projeto social. Observamos que essa identificação é importante para os indivíduos da instância recebedora do projeto e outros interessados, ainda que não estejam envolvidos na sua elaboração e execução. Mas isso também é importante para os indivíduos envolvidos ou atingidos no projeto para que se percebam como sujeitos sociais no processo de intervenção na realidade social problematizada.

Na sistematização, antes mesmo de descrever aquilo de que trata o projeto e de sistematizar as experiências, é preciso fazer a apresentação da entidade que elaborou e executou o referido curso. Essa apresentação deve retratar clara e coerentemente o que constitui a entidade proponente e, assim, quem são os sujeitos executores e como se veem nesse processo. Esse texto pode ser, por exemplo, redigido da seguinte forma:

> A Associação pela Cidadania e Inclusão Social Dom Helder Câmara (Acis), com sede em Canoas-RS, é uma organização não governamental (ONG) que surgiu em dezembro de 2005, após análise das necessidades percebidas por um grupo de, aproximadamente, 30 pessoas que decidiram organizar-se a fim de promover a intervenção na realidade social. A Acis constitui-se em uma associação sem fins lucrativos, de direito privado, voltada para o bem social e a dignidade integral dos seres humanos. Tem como finalidade promover ações de cidadania e a inclusão socioeconômica e cultural por meio da educação cidadã e profissional, da assessoria a grupos e associações de economia popular e solidária e da promoção do desenvolvimento local sustentável.

Entre os objetivos da associação, podem ser destacados:

- desenvolver programas de educação profissional que promovam o ingresso e o reingresso de jovens e adultos desempregados ou subempregados no mercado de trabalho;
- assessorar a organização de empreendimentos produtivos de geração de trabalho e renda, baseados na coletividade, na solidariedade e na autogestão;
- contribuir na construção do desenvolvimento sustentável dos bairros e das cidades, favorecendo a integração das entidades comunitárias e de classe em estratégias conjuntas de promoção e revitalização da economia, da sociedade e da cultura local;
- desenvolver projetos e atividades de inclusão educativa, esportiva e cultural de menores, adolescentes e jovens em situação de vulnerabilidade social;
- buscar parcerias com o Poder Público no desenvolvimento de políticas e programas de educação, assessoria e promoção da inclusão social.

Fonte: Elaborado com base em Giehl; Webler, 2006.

Em seu planejamento estratégico, realizado no primeiro semestre de 2006, os associados decidiram que os eixos estratégicos de ação da associação para o triênio 2006/2007/2008 são os seguintes: (1) Promover a educação voltada para a vida e para o trabalho;

(2) Apoiar e promover a Economia Popular e Solidária; (3) Revitalizar a Economia e a Cultura Local; e (4) Promover a Cidadania e Direitos Humanos. Nesse sentido, a associação propõe a implementação de projetos e ações, como a realização do Curso Pré-Vestibular Popular, do Curso de Agentes e Gestores de Empreendimentos Solidários, da Escola de Línguas e Informática, do Fórum de Entidades Locais, do Programa de Apoio às Crianças e Mulheres Vítimas de Violência Doméstica, da Biblioteca Comunitária, entre outros.

FONTE: ELABORADO COM BASE EM GIEHL; WEBLER, 2006.

Mediante o desdobramento da história da Acis, é possível identificar quem é a associação, quais são as linhas temáticas e as práticas e, então, articulá-las à proposta elaborada e executada do projeto social Curso Pré-Vestibular Popular, em suas diferentes etapas e experiências. Salientamos que grande parte da obtenção de êxito nos projetos propostos está relacionada com os elementos culturais e organizacionais que caracterizam os propósitos e as práticas da organização social proponente.

(10.3) Descrição e documentação da execução do projeto

Quando se propõe a elaborar uma proposta de projeto social para intervir em determinada realidade problemática e promover sua transformação, a organização social faz o planejamento das diferentes etapas e procede ao monitoramento e à execução das ações previstas. Assim como os mecanismos de avaliação de cada momento do projeto, devem ser previstos também instrumentos e procedimentos de reflexão no processo de gestão deste, para propiciar melhores condições de compreensão da problemática enfrentada e sua mudança.

Uma das formas concretas é a sistematização de experiências e dos diferentes momentos. Considerando que a sistematização permite que a organização social faça reflexões integradas na gestão dos ciclos do projeto – planejamento, execução, monitoramento, avaliação – e ainda uma reflexão crítica periódica sobre o andamento dos principais processos com os quais está comprometida, por fim ela acaba fortalecendo a capacidade de aprendizado institucional, ou seja, da própria organização proponente em relação à dinâmica complexa dos processos sociais. Nesse sentido, é possível dizer que a sistematização possibilita uma reflexão de cunho histórico-crítico com base na experiência concreta, visto que ela, conforme as palavras de Armani (2008, p. 25), "é baseada em análises inovadoras do contexto da ação, na retomada de experiências anteriores, na análise e intercâmbio com outras visões sobre a mesma problemática e na produção de conhecimento novo sobre a questão".

A sistematização não deve ficar presa especificamente à dinâmica do projeto, descrevendo e documentando experiências. Ela deve exercer influências sobre o andamento dos projetos concretos, o que significa promover, em um mesmo processo, a integração da SISTEMATIZAÇÃO COM O PLANEJAMENTO, O MONITORAMENTO e a AVALIAÇÃO. A forma de fazer acontecer essa integração deve ser uma descoberta e opção de cada organização social. Pode-se, por exemplo, constituir a criação de um fluxo de comunicação entre as várias dimensões do fazer institucional.

A seguir, apresentamos alguns passos metodológicos para a realização de uma sistematização, com base em Armani (2008, p. 26):

> *Um ponto de partida definido: Aqueles que vão participar da sistematização tomaram parte na experiência e existem registros dela?*
>
> *Uma definição clara da experiência a ser sistematizada: Qual o objetivo da sistematização? Qual experiência de trabalho será sistematizada? Que aspectos centrais dessa experiência mais nos interessa explorar?*

A recuperação do processo vivido: Reconstruir o processo conforme foi vivenciado, usando as informações registradas de forma a ter uma periodização do processo segundo as questões que mais nos interessam.

Uma reflexão crítica sobre os porquês da experiência: responder [a] perguntas-chave, tais como: Por que as coisas aconteceram de certa forma e não de outra? Quais as tensões e contradições reais do processo que ajudam a compreendê-lo? Quais as causas diretas e as mais profundas/estruturais dos fenômenos observados? Quais os fatores que favoreceram e quais os que dificultaram nossa ação?

Um ponto de chegada: saber formular conclusões em relação aos pontos que nos interessam na sistematização, procurar comunicá-los a outros atores interessados e tirar consequências concretas para a vida institucional e a gestão dos projetos.

A sistematização também pode ser apresentada por meio de relatórios, esquematizações, gráficos, fotos, notícias de jornais etc., como formas de registro e de documentação que serão muito importantes para a avaliação do processo. Conforme vimos anteriormente, a sistematização frequentemente interfere no andamento do que foi previsto.

A reconstrução periódica do processo real como foi vivenciado representa uma importante forma de avaliação do processo para que acertos sejam reforçados e repetidos e problemas sejam superados. Nesse sentido, uma reflexão crítica sobre os "porquês" da experiência ajudaram as pessoas envolvidas no projeto social do Curso Pré-Vestibular Popular a entender as razões de algumas coisas acontecerem de determinada modo, assim como a identificar os fatores que facilitaram a ação social ou a dificultaram.

(10.4) Aprendendo com o projeto social

As organizações sociais que desenvolvem projetos e fazem a documentação e sistematização de todas as experiências e momentos do processo de planejamento, execução e avaliação têm condições de intervir no desenvolvimento destes quando necessário. Isso significa essencialmente o acúmulo de aprendizados para a instância social proponente e executora.

Nesse sentido, durante o desenvolvimento do Curso Pré-Vestibular Popular, os registros ajudaram a Acis a perceber aspectos não previstos – pelo menos na dimensão em que se apresentaram –, como a grande evasão de público feminino. Esse é um aspecto importante que propiciou a percepção de situações concretas e peculiares em relação às mães e mulheres que têm namorados.

Quanto às mães estudantes, algumas dependiam dos maridos e/ou pais dos filhos para cuidar destes, mas a maioria dependia de outras pessoas da família (avós, irmãs, cunhadas, tias), vizinhos ou demais conhecidos. Esse quadro se desenhava dessa forma por causa da ausência de marido e/ou pai ou porque este não se dispunha a exercer a tarefa de cuidar dos filhos. Por vezes, essa não disposição se estendia a outros familiares. É interessante fazer o registro de que havia um caso de uma mãe que acabava trazendo o filho para as aulas, o que representava muito esforço para uma criança e, ao mesmo tempo, certo desvio de atenção da mãe nos estudos. Trata-se de componentes bem pontuais e específicos de uma realidade social que nem sempre é prevista pelas organizações sociais na dimensão de sua ocorrência.

Outra situação bastante peculiar se evidenciou em relação às jovens que namoravam e as dificuldades que tinham em virtude do ciúme de seus namorados. Em alguns casos, elas conseguiram trazê-los para participar do curso, frequentando as aulas somente acompanhadas. Em outros tiveram sérias dificuldades em seus relacionamentos ou acabaram rompendo-os. Raros, infelizmente, mostraram apoio incondicional para que as namoradas continuassem a estudar no intuito de alcançar a meta de ingressar no ensino superior e buscar a profissionalização com vistas a uma melhoria na qualidade de vida.

Embora se tenha optado, aqui, por desdobrar a realidade vivida por mulheres trabalhadoras e estudantes, há situações específicas de outros grupos, como:

- Jovens com jornada de trabalho diária entre oito e nove horas, que precisavam deslocar-se em trajetos longos da residência para o trabalho e desta para o local do curso;
- Jovens e adultos desempregados ou assalariados preocupados com o sustento de sua família;
- Jovens que utilizavam o curso como forma de fuga de realidades adversas.

Salientamos que a aposta da Acis em um público com carências múltiplas de ordem socioeconômica e cultural, prioritariamente, mostrou-se, na prática, um grande desafio e trouxe muitos aprendizados aos diferentes indivíduos envolvidos.

Nesse sentido, é importante enfatizarmos que:

- a percepção clara do quadro de frequências aos sábados e de evasão no curso se deu a partir de registros diários e avaliações mensais;
- a avaliação das razões da baixa frequência aos sábados revelou características do público, ou seja, de alunos trabalhadores com jornada de trabalho de segunda a sábado ou domingo;
- os registros mostraram que o maior número de estudantes desistentes era de mulheres (mães e namoradas);
- a associação precisou reavaliar e reformular uma dinâmica planejada e implementada no início do curso;
- o processo de avaliação, reavaliação e reformulação teve a participação de diferentes atores – coordenação pedagógica, professores e alunos;
- os registros e a sistematização feitos ao longo do processo foram fundamentais para a execução desse curso, para outras edições deste e para os demais projetos sociais desenvolvidos pela associação.

É possível dizer que o processo opera mudanças nas pessoas envolvidas direta e indiretamente, mas a sistematização de experiências ao longo do projeto provoca aprendizagem de diferentes ordens tanto para o público beneficiado quanto para a própria entidade executora. É essa ideia que está ilustrada na Figura 10.1.

Figura 10.1 – Projetos sociais: ações, reflexões e aprendizagens

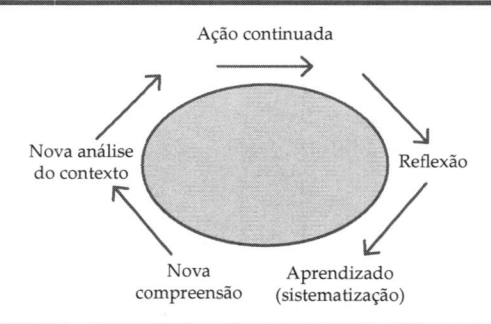

```
                    Ação continuada
                 ┌──────────────→
         Nova análise  ╱‾‾‾‾‾╲  Reflexão
         do contexto  │       │
                ↖     ╲_____╱    ↙
                  Nova    Aprendizado
                compreensão (sistematização)
```

A dinâmica continuada de ação-reflexão-aprendizagem enriquece os projetos sociais e aperfeiçoa a leitura das realidades e dos processos metodológicos necessários para atuar nelas e sobre elas. Essa dinâmica traz o enriquecimento pessoal e institucional alicerçado na prática esclarecida, em cujo processo a sistematização qualificada e reflexiva é fundamental.

Atividade

1. A Figura 10.1 representa a ideia de que:

   a) os projetos dentro das organizações possibilitam a aprendizagem cíclica, contínua e permanente.

   b) a análise após a execução do projeto é enriquecida não só pela realidade mudada, mas pela aprendizagem adquirida.

   c) o conhecimento é necessariamente linear e cumulativo. por isso, se aprendermos com os projetos executados, não cometeremos erros de análise no futuro.

   d) ação-reflexão-aprendizagem-compreensão-análise são passos separados e independentes, mas de um mesmo processo cumulativo.

   e) a ação projetada em um momento, provavelmente, será igual no segundo momento, na continuidade do projeto, desde que alicerçado num bom plano estratégico.

Referências

ABONG – Associação Brasileira de Organizações Não Governamentais. **ONGs no Brasil**: perfil e catálogo das associadas à Abong. São Paulo: Abong, 2002.

_____. **Manual de fundos públicos**: controle social e acesso aos recursos. São Paulo: Peirópolis, 2004.

ÂNGELO, I. O momento de avaliar e fazer mudanças. **Folha de S. Paulo**, 20 fev. 2001. Disponível em: <http://www.observatorio daimprensa.com.br/artigos/iq2802200193. htm>. Acesso em: 29 jun. 2015.

ARENDT, H. **Entre o passado e o futuro**. São Paulo: Perspectiva, 1999.

ARMANI, D. **Como elaborar projetos**: guia prático para elaboração e gestão de projetos sociais. Porto Alegre: Tomo Editorial, 2008.

BEZERRA, A.; GARCIA, P. B. **Conversando com os agentes**: saber popular/educação popular. Petrópolis, RJ: Vozes; Rio de Janeiro: Nova, 1982. (Série Cadernos de Educação Popular, v. 3).

CARDOSO, R. Fortalecimento da sociedade civil. In: IOSCHPE, E. B. (Org.). **3º setor**: desenvolvimento social sustentado. Rio de Janeiro: Paz e Terra, 1997.

CARVALHO, I. C. de M.; MÜLLER, L. H.; STEPHANOU, L. **Guia para elaboração de projetos sociais**. São Leopoldo: Sinodal; Porto Alegre: Fundação Luterana de Diaconia, 2003.

CEPAL – Comissão Econômica para a América Latina e Caribe. **Manual de formulação e avaliação de projetos sociais**. 1997. Disponível em: <http://www.ssc.wisc.edu/~jmuniz/CEPAL_manual%20de%20formulacao%20e%20avaliacao%20de%20projetos%20sociais.PDF>. Acesso em: 29 jun. 2015.

CHAUI, M. et al. **Leituras da crise**: diálogos sobre o PT, a democracia brasileira e o socialismo. São Paulo: Perseu Abramo, 2006.

CHIANCA, T.; MARIANO, E.; SCHIESARI, L. **Desenvolvendo a cultura de avaliação em organizações da sociedade civil**. São Paulo: Global, 2001.

CIPRIANO, C.; VIUDE, A. **A conversação no processo do envelhecimento feminino**. 2008. Disponível em: <https://uspdigital.usp.br/siicusp/cdOnlineTrabalhoVisualizarResumo?numeroInscricaoTrabalho=4270&numeroEdicao=16 >. Acesso em: 20 jun. 2015.

COHEN, E.; FRANCO, R. **Avaliação de projetos sociais**. Petrópolis: Vozes, 2007.

DI GIOVANNI, G. Entrevista com Geraldo Di Giovanni, professor doutor do Núcleo de Estudos de Políticas Públicas (NEPP) da Unicamp: Psicologia e políticas públicas. **Jornal do Conselho Regional de Psicologia**, Rio de Janeiro, v. 7, n. 27, p. 4-6, mar./abr. 2010. Entrevista: Anexo. Disponível em: <http://www.crprj.org.br/publicacoes/jornal/jornal27-geraldodigiovanni.pdf>. Acesso em: 29 jun. 2015.

FERNANDES, R. C. **Privado porém público**: o terceiro setor na América Latina. Rio de Janeiro: Relume-Dumará, 1994.

FREEMAN, R. E.; STONER, J. A. F. **Administração**. Rio de Janeiro: Prentice-Hall, 1995.

FGV - Fundação Getulio Vargas. **Dicionário de ciências sociais**. Rio de Janeiro, 1987.

GALEANO, E. **De pernas pro ar**: a escola do mundo ao avesso. Porto Alegre: L&PM, 1999.

GETS – Grupo de Estudos do Terceiro Setor. **Captação de recursos**: da teoria àprática. São Paulo, 2002. Disponível em: <http://www.casa.org.br/images/PDFARQUIVOS/Manual_para_Captao_de_Recursos.pdf>. Acesso em: 29 jun. 2015.

GIEHL, P. R. Desigualdades regionais: problemas e perspectivas para o estado do desenvolvimento do Rio Grande do Sul. In: ENCONTRO ESTADUAL DE GEOGRAFIA: AS MULTIPLAS CONCEPÇÕES DA QUESTÃO REGIONAL DO RIO GRANDE DO SUL, 22., 2002. Rio Grande do Sul. **Anais...** Rio Grande do Sul: Ed. da Furg, 2003.

_____. Estado e cultura de cidadania no Brasil. **Revista Educando**, Porto Alegre, v. 1, n. 6, 2006.

_____. **Fundopem**: instrumento público de descentralização ou reforço à concentração industrial no Rio Grande do Sul? Ijuí: Ed. da Unijuí, 2002.

GIEHL, P. R.; WEBLER, D. A. **Relatório do planejamento estratégico da Acis**. Canoas: Documentos da Acis, 2006.

HEERDT, M.; HEERDT, M. L. **Sociologia das organizações**. 4. ed. Palhoça: UnisulVirtual, 2006.

IANNI, O. **A sociedade global**. Rio de Janeiro: Civilização Brasileira, 1996.

IASI, M. L. **As metamorfoses da consciência de classe**. São Paulo: Expressão Popular, 2006.

IBGE – Instituto Brasileiro de Geografia e Estatística. **As fundações privadas e associações sem fins lucrativos no Brasil**. 2004. Disponível em: <http://www.ibge.gov.br/home/estatistica/economia/fasfil/fasfil.pdf>. Acesso em 29 jun. 2015.

JAPIASSÚ, H.; MARCONDES, D. **Dicionário básico de filosofia**. Rio de Janeiro: J. Zahar, 1991.

LÜCK, H. **Metodologia de projetos**: uma ferramenta de planejamento e gestão. Petrópolis, RJ: Vozes, 2003.

MAZOYER, M. Pour des projets agricoles legitimes et efficace: théorie et méthode d'analyse des systèmes agraires. IN: SUSTAINABLE DEVELOPMENT DEPARTMENT: FOOD AND AGRICULTURE ORGANIZATION OF THE UNITED NATIONS. **Land Reform, Land Settlement and Cooperatives**. Paris: FAO, 1993.

PACHECO, A. P. R. **Gestão estratégica de empresas de varejo e de serviços**. Palhoça: Ed. da Unisul, 2007.

PAES-SOUSA, R.; RODRIGUES, R. W. S.; VAITSMAN, J. **O sistema de avaliação e monitoramento das políticas e programas sociais:** a experiência do Ministério do Desenvolvimento Social e Combate à Fome do Brasil. Brasília: Unesco, 2006. Disponível em: <http://unesdoc.unesco.org/images/0014/001485/148514POR.pdf>. Acesso em: 29 jun. 2015.

RUA, M. das G. **Monitoramento e avaliação de programas e projetos**. Brasília: Enap, 2007. (Curso de Especialização em Gestão Pública).

SAINT-EXUPÉRY, A. de. **O Pequeno Príncipe**. Rio de Janeiro: Agir, 1974.

SANTOS, B. S. de. Reinventar a democracia: entre o pré-contratualismo e o pós-contratualismo. In: HELLER, A. et al. (Org.). A crise **dos paradigmas em ciências sociais e os desafios para o século XXI**. Rio de Janeiro: Contraponto, 1999.

SOUSA, Antônio Cícero de. Prefácio. In: BRANDÃO, Carlos Rodrigues (Org.). **A questão política da educação popular**. 3.ed. São Paulo: Brasiliense, 1982. p. 7-10.

VERDEJO, M. E. **Diagnóstico rural participativo:** um guia prático. Rio Grande do Sul: Ascar, 2006. Disponível em: http://www.mda.gov.br/sitemda/sites/sitemda/files/user_arquivos_64/Guia_DRP_Parte_1.pdf>.; <http://www.mda.gov.br/sitemda/sites/sitemda/files/user_arquivos_64/Guia_de_DRP_Parte_2.pdf>. Acesso em: 11 out. 2014.

VILLAÇA, M. M. **A redemocratização na AMÉRICA Latina**. [20–]. Disponível em: <http://anphlac.fflch.usp.br/redemocratizacao-apresentacao>. Acesso em: 29 jun. 2015.

WEBLER, D. A. As modalidades de subjetivação dos sujeitos em empreendimentos de autogestão. In: SEMINÁRIO NACIONAL DE LÍNGUA E LITERATURA, 2., 2008, Passo Fundo. **Anais...** Passo Fundo: Ed. da Universidade de Passo Fundo, 2008a.

_____. **As práticas discursivas dos operários em empreendimentos de produção industrial autogestionária**. 312 f. Tese (Doutorado em Letras) – Universidade Federal do Rio Grande do Sul, Porto Alegre, 2008b.

Respostas

Capítulo 1
1. F, F, V, F, V, F, F

Capítulo 2
1. b, a, e, c, d

Capítulo 3
1. Na primeira reunião, foram apontados diversos problemas existentes na comunidade e apresentadas várias ideias. Após muitas discussões, os presentes entenderam que era necessária a priorização de uma situação-problema para o projeto social, bem como a escolha de uma equipe de coordenação do processo de sua elaboração. Na semana seguinte, ocorreu a segunda reunião, na qual foi definida a equipe de coordenação e foram discutidas questões importantes relativas ao projeto: objetivos, justificativas, metodologia, recursos, público-alvo, local e outras. A coordenação ficou encarregada de, a partir das discussões dessa reunião, apresentar uma proposta de projeto na

próxima. Para a reunião de hoje, após a apresentação da proposta de projeto, esta deverá ser analisada pelos presentes com vistas à sua conclusão.

2. V, F, F, V, V, V, V, F

Capítulo 4

1. F, V, F, V

Capítulo 5

1. b, c, a, e, d
2. F, F, V, F

Capítulo 6

1. a, b, c, d

Capítulo 7

1. A atividade de captação de recursos na elaboração de projetos é fundamental, pois é ela quem sustentará os recursos que serão utilizados pelo projeto.

2. A captação assegura recursos financeiros ou fundos (recursos humanos, materiais e serviços) novos ou adicionais, enquanto a mobilização é a busca de como fazer o melhor uso dos recursos existentes, aumentando a eficácia e a eficiência dos planos, assim como a conquista de novas parcerias e a obtenção de fontes alternativas de recursos financeiros.

Capítulo 8

1. F, F, F, F, F

Capítulo 9

1. Procure responder com as próprias palavras, com base na leitura da Seção 9.1.
2. Com base na compreensão dos conceitos da Seção 9.2, busque na internet exemplos que possam representá-los.

Capítulo 10

1. a

Impressão: BSSCARD
Outubro/2015